LA FÉE DE GLACE

Éléonore du Cardinal

La fée de glace

Éditions Bénévent

À mon amie Ingrid

Il était une fois, loin dans les étendues de glace les plus reculées de la planète, une petite fée qui s'ennuyait.

Assise sur un monticule de neige, elle avait replié ses ailes translucides sur ses genoux, fermé ses beaux yeux violets et boudait.

Nous étions le premier décembre et une effervescence grandissante animait la maison en vieux rondins au bout de la lande enneigée. Cette maison était celle d'un vieil homme à la longue barbe blanche.

Durant la belle saison, lorsqu'une fine couche de lichen recouvrait le sol, il élevait des rennes qu'il soignait avec une attention particulière. Car en décembre...

Ah, en décembre !

*
* *

Ce mois m'obsédait. Pendant les courts mois d'été, je dormais, enfouie dans les glaces éternelles, mais l'hiver je sortais de ma torpeur car j'étais une fée de glace.

Les fées de glace étaient une race particulière de fée, survivantes de l'époque où l'Europe était enfouie sous les neiges. Le travail des fées de glace était de souffler un vent froid qui maintenait une température très basse, propice à la glace et de fabriquer des flocons de neige en frottant leurs ailes l'une contre l'autre.

— Friza, Friza...

Friza, était mon nom.

— Friza, où es-tu?

Dans un bruissement d'ailes, une douzaine de fées m'entoura.

— Que fais-tu sur ce monticule les ailes repliées? Ne sais-tu pas que nous avons du travail?

Je continuai de bouder.

La fée qui était la responsable du groupe reprit la parole.

— Friza, tu ne vas pas recommencer! Tous les ans à la même époque, tu boudes. Ne peux-tu pas bouder en dormant au mois d'août?

Je relevai la tête.

— Voilà qui n'est pas drôle, comment pourrais-je bouder en dormant? Je boude parce que je m'ennuie.

— Travaille, tu ne t'ennuieras plus.

— Ce travail m'ennuie!

— C'est le nôtre, nous sommes faites pour cela. Veux-tu changer le cours des choses?

— Pourquoi pas! Je veux voyager, voir d'autres cieux, d'autres gens.

— Mais enfin Friza, c'est impossible tu es une fée de glace, ta vie est ici.

— Et lui, ne part-il pas au mois de décembre, dis-je en pointant mon menton vers la cabane du vieil homme.

— Je te répète que c'est impossible. Lui, c'est le Père Noël, toi une fée de glace, un point c'est tout.

Je repris mon air buté, baissai la tête et boudai de plus belle.

Mes amies étaient désolées et ne savaient plus que faire, mais le travail les réclamait et elles ne pouvaient attendre mon bon vouloir…

Une heure plus tard, lorsque je vis qu'aucune de mes compagnes n'était dans les environs, je déployai mes ailes, leur fit faire quelques battements et rotations avant de m'élancer avec détermination vers… La maison du Père Noël.

Je me posai délicatement, comme il convient à une fée, sur le rebord de la fenêtre et regardai à l'intérieur. Les petits rideaux à carreaux rouges et blancs me cachaient presque la totalité de la pièce, mais les bruits que j'entendais me confirmaient la présence du Père Noël.

Bien, cette fois j'y vais, me dis-je en frappant à la fenêtre.

Aucune réponse. Reculant légèrement, je pris une profonde inspiration et voulant frapper de toutes mes forces, je m'abattis littéralement sur la vitre.

Toc !… Le Père Noël n'entendit rien et j'étais à moitié assommée.

— Ouh ! Ouh là, là, ma tête, mes ailes !

Essayant péniblement de me relever, je m'accrochai sur le montant de la vitre, lorsque celle-ci s'ouvrit. Éberlué, le Père Noël me regarda et demanda de sa grosse voix :

— Une fée de glace ! Que fais-tu ici ?

Agrippée au bois de l'encadrement, suspendue dans le vide, je retrouvai néanmoins mes esprits et pensant à mon avenir, lui déclarai :

— Monsieur le Père Noël, voyez la situation critique dans laquelle je me trouve. Auriez-vous l'obligeance de bien vouloir m'aider à reprendre contact avec le sol ?

Il éclata d'un rire si violent que son souffle me décrocha et je tombai… dans la main du Père Noël toujours aussi hilare.

— Sais-tu Mademoiselle, que tes ailes peuvent également te servir à voler ? À première vue, tu me sembles plus douée pour la parole !

— Je sais, je sais grommelai-je en essayant de retrouver fière allure.

Comment croyez-vous que je sois arrivée jusqu'à votre fenêtre si ce n'est en volant ?

— Bigre, dit le Père Noël toujours goguenard, une fée bavarde et intelligente, voilà une nouveauté !

— Oh ! Nous sommes certes d'ordinaire peu bavardes, mais non point dépourvues d'intelligence pour autant.

— Eh bien puisque tu es là, que veux-tu ?

Me raclant la gorge, je me lançai.

— Tout d'abord, auriez-vous l'obligeance de me laisser entrer dans votre demeure, afin que je puisse vous entretenir tout à loisir de mon projet.

Le Père Noël était sans voix, il écarquillait ses gros yeux, n'en croyant pas ses oreilles.

— Tu parles toujours comme ça ?

— C'est l'évidence, comment voudriez-vous que je m'exprime ? Je ne connais hélas qu'une langue et…

— Stop, stop ça ira, j'ai très peu de temps, alors que veux-tu ?

— Puis-je entrer ?

— Oui oui, mais fait vite.

Le Père Noël me déposa sur une table en chêne parfaitement cirée, alla fermer la fenêtre et revint se poster devant moi, les poings sur les hanches, visiblement pressé d'en finir. De mon côté, j'inspectais mes ailes, mes longs doigts et mes jambes fuselées à la recherche de la moindre trace de mon aventure.

— C'est bientôt fini ? interrogea le Père Noël.

Surprise par la question, je sursautai légèrement.

— Oui merci, aucune trace ne subsiste de cette mésaventure.

Le Père Noël tapotait la table.

— J'attends !

— Mille excuses, j'en arrive au fait.

— Ce n'est pas trop tôt. Au cas où tu ne le saurais pas, je suis très occupé.

— Oh ! Combien je le sais, puisque là est mon propos.

Dodelinant de la tête, le Père Noël prit une chaise et s'écroula dessus.

— Excellent, voilà une position adéquate pour m'ouïr parfaitement.

— Sais-tu seulement que nous sommes au XXIᵉ siècle et que ton langage est un tantinet dépassé ?

— J'ai effectivement entendu dire que nous étions au XXIᵉ siècle depuis huit années terrestres, mais mon éducation a été faite, il est vrai, il y a déjà plusieurs siècles par une fée quelque peu âgée. Pensez-vous que cela puisse poser un quelconque problème ?

— Oh ! Pour une fée de glace qui frotte ses ailes, absolument pas. Bien, j'ai été enchanté de ce petit voyage dans le passé, mais comme je te l'ai déjà dit, j'ai du travail.

— Mais je ne vous ai pas encore entretenu du but de ma visite. Je ne puis m'en retourner sans l'avoir fait car il y va de ma vie même !

— Pardon ! Mi-figue mi-raisin, le Père Noël se demandait s'il était en train de rêver.

— Qu'est ce que cette histoire ?

— Je serai brève.

— J'espère, soupira le Père Noël.

— En fait ma requête est simple, je désire ardemment me joindre à vous pour le voyage annuel que vous allez effectuer sous peu.

Le Père Noël se demanda tout d'abord s'il avait bien entendu, avant de partir d'un immense fou rire qui fit tressauter son gros ventre. Ce qui eut pour effet de faire vibrer la table et de me faire tomber les quatre fers en l'air, plus les ailes évidemment, ce qui était on ne peut plus humiliant pour moi et me fit gémir.

— Voilà deux fois mon ami que vous me mettez dans une situation embarrassante ! Est-il si difficile de nous comprendre ? Souffrez que je n'en croie rien !

Tant bien que mal, le Père Noël se ressaisit et essuyant ses yeux à l'aide d'un mouchoir de grosse toile me dit gentiment :

— Écoute petite fée, je n'ai rien contre toi, mais je n'ai jamais entendu une pareille histoire. Une fée de glace, du Moyen Âge en plus qui veut partir avec moi, c'est inimaginable !

— Et pourquoi ? Ne sommes-nous pas dans un siècle où rien n'est impossible, où tous les domaines sont explorés.

— Certes, mais tu sembles oublier que tu n'es pas de ce monde. Tu n'es pas humaine !

— Ah la belle affaire ! Seriez-vous devenu humain ? Pas que je sache et cela ne vous empêche nullement de partir dans leur monde. Je ne vous demande pas de me laisser là-bas, juste de faire un aller-retour en votre compagnie.

— Tu ne peux te comparer à moi, mon rôle est particulier, déterminé depuis des millénaires. Mon travail est colossal, je dois me démultiplier en millier de moi-même pour assurer mon travail. Que ferais-je de toi ?

— Je ne vous cacherai pas mon profond désir de découvrir la France.

— Eh bien encore heureux que tes goûts ne t'aient pas porté vers l'Afrique ! Mais même en France il fait chaud pour toi, une fée de glace ne vit pas sur les Champs-Élysées.

— Votre discours, bien que discourtois, peut sembler logique, seulement vous oubliez une chose, je suis certes une fée de glace, mais avant tout je suis une fée.

— Et alors ?

— J'ai les pouvoirs inhérents à ma race, je ne saurais vous en confier davantage.

— Euh ! Euh ! Me prendrais-tu pour un imbécile ? Je sais que les fées ont des pouvoirs, mais je sais aussi que ceux des fées de glace sont très limités.

— Non point !

— Arrête ton cinéma, comme tu l'as dit je ne suis pas humain et je connais parfaitement ton monde et ta hiérarchie. Les fées de glace, aussi charmantes qu'elles soient sont des… sous-fées.

J'étais anéantie. Je dépliais mon aile droite devant mon visage à la manière d'un éventail, battis des cils, poussai un profond soupir et fermai les yeux.

— Aurais-tu l'intention de faire une petite sieste sur ma table ?

— Non point, je me drape dans le mutisme absolu, seule parade à tant d'incompréhension, de méchanceté et de mensonges.

— Tu n'as pas l'impression d'en faire un peu trop ?

Je ne répondis pas.

— Bien j'ai du travail, désolé je te mets dehors.

Joignant le geste à la parole, le Père Noël me déposa dans sa grosse main velue et se dirigea vers la porte.

En un éclair, je vis mon rêve s'évanouir. Je ne pouvais renoncer dès le premier problème. J'allais montrer à ce gros prétentieux que je n'étais pas une sous-fée, mais une fée à part entière.

— Veuillez avoir l'obligeance de me déposer sur la table avant que je ne me voie dans l'obligation de vous transformer en crapaud.

Le Père Noël était mort de rire. Tressautant dans sa main, j'essayais désespérément de me raccrocher à un de ses doigts pour ne pas tomber.

— Arrêtez, arrêtez, hurlai-je.

Mais rien n'y faisait, le Père Noël ne pouvait pas se calmer et je continuais de longues minutes encore à me balancer, accrochée à ce doigt comme une naufragée à une planche.

Il finit par se calmer, mais dut s'asseoir pour reprendre son souffle et de ce fait me reposa sur la table.

Ouf! pensais-je le cœur battant, maintenant repassons à l'action.

— Je suis fort aise de me retrouver sur votre table. Je vois que la peur vous incite au dialogue, croyez bien que je suis navrée d'avoir dû en arriver à une telle extrémité.

Et le fou rire du Père Noël repartit de plus belle. Entre deux hoquets, il parvint quand même à me dire.

— Tu crois franchement m'avoir impressionné avec ton histoire de crapaud? Tu devrais plutôt avoir peur que je t'écrase, moucheron.

— Moucheron! Quelle horreur! Vous semblez oublier que vous êtes le Père Noël et non l'Ogre. Vous aimez les enfants qui vous écrivent, rêvent de vous et mettent tous leurs espoirs…

— Stop! Oui j'aime les enfants, mais tu n'es pas une enfant. N'es-tu pas une fée surdouée, soi-disant?

Je me raclai la gorge.

— Certes, mais eu égard à la fragilité de ma personne lorsque je n'ai pas recours à mes pouvoirs, vous pourriez vous montrer aussi doux avec moi qu'avec un enfant.

— Ouais, mais je n'ai jamais vu d'enfant aussi grandiloquent que toi. Quant à tes pouvoirs, parlons-en! Ton seul pouvoir pour l'instant a été de me faire rire aux larmes, pas besoin d'être une fée pour cela. Mais je dois avouer que personne ne m'avait autant amusé depuis longtemps.

— J'en suis fort heureuse. Je pense que nous devrions reprendre notre conversation depuis le début. Je désire vous accompagner, non pas dans votre tour du monde, mais simplement à Paris. Et quoi que vous en pensiez, j'ai le pouvoir de m'adapter aux conditions qui seront les nôtres dans cette capitale du raffinement, du luxe et du bon goût.

— Sans indiscrétion, tu tiens tes informations de quelle époque? En matière de raffinement et de bon goût, tu risques d'être un peu choquée. L'adaptation ne sera pas que climatique à mon avis. Renonce, ta vie est ici, nous avons chacun notre destin à accomplir.

— Quel destin! Que voyez-vous d'enivrant à frotter ses ailes pour faire de la neige?

— Crois-tu que ma vie soit plus excitante ? J'ai un travail épuisant que je prépare pendant onze mois et qui se termine par une course folle, avec des enfants de plus en plus difficiles et qui croient de moins en moins en moi. Sais-tu ce qui arrivera le jour où les enfants ne croiront plus du tout en moi ?

Je hochai négativement la tête.

Et bien je disparaîtrai. Ce sont leurs pensées, leurs espoirs, leurs joies qui me font vivre, sans eux je n'existe plus.

Je regardai le Père Noël avec de grands yeux attristés.

— Ne soyez pas mélancolique, jamais une telle chose ne se produira. Et... peut-être... si vous m'emmeniez avec vous, pourrais-je exercer ma magie sur certains enfants... sauvages !

— Sauvages !

Le Père Noël éclata à nouveau de rire.

— Certains sont effectivement sauvages, tu peux le dire, mais je ne sais si ce mot à la même signification pour toi que pour moi.

— Alors ma proposition vous agrée ?

Le père Noël soupira longuement.

— Plus entêtée que toi, ça n'existe pas !

— Puis-je prendre cela comme un compliment et une acceptation de votre part ?

Dodelinant de la tête, le Père Noël se mit à marcher de long en large. Au bout de quelques minutes, il s'arrêta et me regarda.

— Comme j'ai l'impression que rien ne pourra te faire changer d'avis, je vais te faire une proposition. Nous sommes le premier décembre et j'ai encore beaucoup de travail avant de partir. Si le jour de mon départ, tu as obtenu par ta magie la possibilité de me suivre, je t'emmènerai.

Un sourire illumina mon visage.

— Mais attention, pas d'entourloupes. Tu me donneras la preuve de tes pouvoirs avant notre voyage. Je n'ai ni le temps ni l'envie de trimbaler une éclopée tout le long du chemin. Car n'oublie pas que le choc sera terrible, mes rennes filent comme l'éclair et Paris sera étouffant comparé à ici. C'est d'accord ?

— Vous avez ma parole.

— Ce n'est pas cela qui va me rassurer. Depuis quand peut-on se fier à la parole d'une fée ?

Je pris l'air le plus offusqué qui soit avant d'ajouter.

— J'ai ouï dire que certaines fées auraient eu par le passé des comportements douteux envers les humains, mais il n'a pas été prouvé que lesdits humains n'ont pas une part de responsabilité dans…

— Ça va, ça va. Et par pitié essaye de te moderniser un peu ou alors tais-toi.

Les lèvres pincées, les yeux au ciel, je lui demandai.

— Ce sera tout. Puis-je disposer afin de commencer au plus vite cette nécessaire transformation ?

— File, dit-il en riant, tu as du boulot.

Du boulot ! Qu'est-ce donc, pensais-je. Peut-être a-t-il raison, j'ai sans doute quelques siècles à rattraper.

Hélas je le savais, le langage serait la plus petite de mes difficultés.

Le Père Noël avait raison, les fées de glace n'avaient pratiquement pas de pouvoirs magiques et les apprendre en un laps de temps aussi court relevait du miracle.

J'étais sortie majestueusement de chez le Père Noël et étais allée derrière une énorme congère où je savais être tranquille pour réfléchir.

Oh, je n'étais pas vraiment prise au dépourvu, depuis le temps que je rêvais de ce voyage, je savais que je devrais prendre des cours pour partir et que j'aurais pu les prendre bien avant.

Mais voilà, c'était le courage qui m'avait manqué jusqu'à présent.

D'abord celui de faire ma demande au Père Noël et ensuite !…

Ensuite celui d'aller trouver la Fée Lumière, la seule qui avait gardé les pouvoirs ancestraux, les pouvoirs que possédaient toutes les fées de glace à l'ère glacière.

C'était l'aïeule, contrairement aux autres fées de glace son savoir l'avait rendue immortelle et toutes tremblaient devant elle. Non pas qu'elle fût méchante, bien au contraire, mais il émanait une telle force de sa personne que nul ne pouvait lui mentir. Je savais qu'au moment où j'entrerais dans l'espace où vivait la Fée Lumière, toutes mes pensées ne m'appartiendraient plus.

Le temps passait.

Je devais partir avant que mes compagnes ne me retrouvent et me fassent travailler. Je me levai, pris une profonde inspiration et m'envolai vers la Fée Lumière.

Un cercle d'une intense luminosité délimitait le lieu de vie de la fée. Elle était assise sur un amas de neige façonné comme un fauteuil, immobile, imperturbable.

J'osais à peine respirer. Les minutes qui passaient me semblaient des heures, la fée ne bougeait pas, moi non plus.

Puis soudain dans le silence, un frémissement d'ailes et…

— Alors Friza, désires-tu me parler ?

J'avais perdu ma verve. Me retrouver en face de la Fée Lumière était bien plus difficile que d'essayer de convaincre le Père Noël et j'aurais voulu disparaître sous la neige. Néanmoins, prenant mon courage à deux ailes (comme on dit chez les fées) je m'adressais à elle :

— Bonjour Vénérable Mère, puis-je pénétrer dans votre cercle de lumière sans vous causer le moindre dérangement ?

La fée eut un imperceptible sourire.

— Qui t'a appris à si bien t'exprimer mon enfant ?

— C'est la fée Cristal qui nous a quittées il y a peu et qui était née au Moyen Âge.

— Excellent professeur, je l'ai bien connue. Entre, je t'en prie.

Le silence s'installa.

— Alors j'attends, pourquoi es-tu là ?

— Eh… Eh bien…

— Oui ?

Que c'était dur ! D'autant que je savais que la fée connaissait déjà ma demande. Mais telle était la loi, une requête devait être formulée trois fois avant d'obtenir une réponse.

— Mère, j'ai l'indicible honneur de vous demander de bien vouloir m'enseigner les pouvoirs magiques qui me permettront de partir à Paris avec le Père Noël.

Et trois fois je répétais ma demande.

Le silence le plus absolu régnait et j'étais au supplice. Puis après les cinq minutes les plus longues de ma vie, la Fée Lumière me dit :

— Je connais depuis longtemps ton désir d'accompagner le Père Noël. Je connais aussi ton peu d'enthousiasme à effectuer le travail pour lequel tu es faite, d'où découle une légendaire paresse.

J'étais tétanisée, mes joues d'un bleu si tendre avaient viré au gris, mes yeux larmoyaient et mes ailes étaient agitées de tremblements que je ne pouvais calmer.

Imperturbable la Fée Lumière attendait.

Je savais que je devais me ressaisir, qu'en aucun cas je ne devais faiblir si je voulais avoir la moindre chance de recevoir son enseignement. Mais que dire face à un être qui connaissait tout de vous et qu'aucune belle parole ne pouvait amadouer.

Contrite, je respirais profondément avant de lui dire :

— Je suis désolée, il est vrai que ce travail me pèse et que j'y mets peu d'entrain. « Tu es une fée de glace, me dit-on et tu dois accomplir ton destin. » Hélas je ne puis me résoudre à cette fatalité, c'est pourquoi je désirerais m'évader au moins une fois de cette monotonie.

Me laissant emporter par ma passion, je continuais.

— Paris ! Vénérable Mère, Paris ville de lumière, de culture, ville magique par excellence, ville indestructible, la plus belle capitale du monde.

La Fée Lumière sourit.

— Je vois que tu connais ton sujet et que tu es déterminée à faire ce voyage. Il en est ainsi parfois, certains veulent aller plus loin, plus haut, ils sont de ceux qui font évoluer leur race. Même s'ils doivent y laisser un peu d'eux-mêmes…

— N'as-tu pas peur, petite fée ? N'as-tu pas peur de te perdre ?

J'avalais péniblement ma salive, hésitant sur le sens des paroles de la Mère.

— Non… Enfin… Un peu mais mon désir est si fort qu'il balaye toutes craintes.

Je ne pus néanmoins m'empêcher de demander :

— Qu'entendez-vous par me perdre ?

— N'es-tu pas venue chercher une initiation ? Ne désires-tu pas les pouvoirs que tu as prétendu avoir ?

Rougissante, je baissais les yeux.

— Aucun pouvoir ne s'obtient dans la facilité et une compensation peut être demandée. Es-tu prête à l'accepter ?

Relevant la tête avec dignité, je répondis :

— Oui Mère, je suis prête.

— Parfait, alors je t'attends à minuit, au cœur du cercle polaire, lorsque Vénus brillera.

J'ouvris la bouche sans qu'aucun son n'en sorte.

— Je sais c'est loin, mais on n'a rien sans rien !

Et sur ces mots, la Fée Lumière baissa la tête et replia ses ailes.

Je compris que l'entretien était clos et me préparai à partir pour être à l'heure au rendez-vous de ma vie.

Il n'était pas encore minuit lorsque j'abordai le cœur de l'Arctique. J'avais dû voler vite pour arriver à temps et mes ailes étaient toutes endolories. J'en profitai pour me reposer un peu et calmer les battements de mon cœur.

Tout à coup une vive lueur troua la nuit polaire et la Fée Lumière surgit devant moi.

— Bonsoir Friza, j'apprécie ta ponctualité. Si tu n'avais pas été là avant mon arrivée, je serais repartie sans te laisser la moindre chance de me revoir. Suis-moi, nous avons juste le temps de nous installer.

La Fée Lumière me fit asseoir et dessina autour de moi un grand cercle dans la neige. À l'intérieur du premier cercle, elle en dessina un second avec des filaments d'ailes, puis un troisième avec de la poudre d'étoiles.

J'étais le centre terrestre parfait de ces trois cercles, comme Vénus l'était là-haut dans le ciel.

La Magie allait commencer.

Juste devant moi, la Fée Lumière leva les bras, ses ailes largement déployées et commença une mélodieuse incantation. Puis doucement, elle se mit à tourner en suivant méthodiquement le cercle en poudre d'étoiles et vint se placer derrière moi, me demandant de répéter chaque son après elle.

Fortement impressionnée, j'obéis et modulai les sons du mieux que je pouvais.

Progressivement, le cercle en filaments d'ailes s'agrandit d'environ un mètre sur la neige qu'il colora des couleurs de l'arc-en-ciel, puis le cercle en poudre d'étoiles s'éleva doucement vers le ciel.

La Fée Lumière effectua un quart de tour et se retrouvant devant moi me donna l'ordre de me lever.

N'étant plus tout à fait moi-même, j'obéis sans dire un mot.

La fée m'écarta les bras, joignit ses doigts aux miens de façon à ce que nos ailes ne fassent qu'une seule paire. Tout en prononçant de nouveaux sons, elle m'entraîna dans une sorte de danse rituelle. Nous tournions, tournions de plus en plus vite et bientôt je sentis que je quittais le sol sans l'aide de mes ailes.

Plus nous nous élevions, plus la pluie d'étoiles s'élevait avec nous, formant un lumineux tunnel vers un autre monde.

Soudain de petites étoiles s'amalgamèrent pour façonner un épais tapis sur lequel nous nous installâmes. La Mère s'écarta de moi. Reprenant lentement mes esprits, je lui demandai :

— Où sommes-nous, Vénérable Mère ?

— Là où tu vas recevoir ton enseignement, dans notre monde, dans le monde des fées.

Remise de mes émotions, je commençais à regarder autour de moi.

Le tapis d'étoiles chantait, les nuages chantaient, Vénus dans le ciel chantait. Tout n'était que musique, harmonie, douceur et luminosité. Le monde dans lequel je vivais chaque jour était bien différent, il fallait toujours travailler, se dépêcher, il y avait peu de lumière, la nuit polaire était presque là en permanence.

La Fée Lumière capta mes pensées et me dit.

— Tu compares le cercle polaire à ce lieu ?

— Oh oui, répondis-je. C'est tellement beau, je voudrais pouvoir y rester.

— Seulement tu es une fée de glace et ton travail est sur terre. Sache avant que je te donne ton enseignement que le merveilleux Paris, où tu désires tellement te rendre, est l'enfer par rapport au cercle polaire.

Je frémis.

— Par rapport au cercle polaire! Mais qu'en est-il par rapport à ici?

La Fée Lumière pencha la tête et leva ses mains en signe d'impuissance.

Je ne pus m'empêcher de demander:

— Mère pourquoi m'avoir emmenée ici?

— C'est la loi, nulle initiation ne peut être transmise ailleurs qu'au pays des fées.

Je baissai la tête. Avais-je raison de vouloir à tout prix partir avec le Père Noël?

Allais-je trouver le bonheur tant espéré dans ce voyage? Ne devrais-je pas plutôt chercher à m'élever en retrouvant l'ancienne sagesse des fées, comme la fée Cristal me l'avait conseillé?

Je restais un long moment perdue dans mes pensées. Puis je relevai la tête, regardai le merveilleux décor qui m'entourait et malgré un pincement au cœur, déclarai.

— J'ai ardemment désiré faire ce voyage, je n'en connais pas les conséquences et ma première épreuve est ici, en voyant toutes ces beautés. Mais je dois aller de l'avant, mon destin, quel qu'en soit le prix à payer, est de partir, j'en suis convaincue.

La Mère sourit tendrement et dit:

— Tu as raison, ceci était ta première épreuve. La fermeté et la continuité dans l'action. Savoir ce que l'on veut et s'y tenir sont les facteurs primordiaux de la réussite.

La Mère, néanmoins, captait mon désarroi et connaissant la pureté de mon cœur me rassura.

— Je connais l'avenir de cette planète et celui des êtres qui y vivent. Je n'ai pas le droit de dévoiler cet avenir, mais sache simplement que ton destin, aussi étrange que cela puisse paraître pour une fée de glace, est intimement lié à celui de la race humaine. Ton désir de partir n'est pas un caprice, il est inclus dans le plan.

J'ouvris de grands yeux étonnés.

— Inclus dans le plan! Cela voudrait-il dire que je ne reviendrai pas?

— Je ne puis t'en dire davantage, il est temps maintenant de procéder à ton initiation.

J'attendis un peu avant de répondre :

— Je suis prête.

— Parfait, assieds-toi et concentre-toi sur ta respiration.

Je m'exécutai le plus parfaitement possible, inspirai et expirai en me calquant sur le souffle de la Mère qui me donnait le bon rythme tout en psalmodiant des sons inconnus.

Quelques minutes passèrent ainsi.

Soudain un changement s'opéra en moi, j'avais la sensation d'être gigantesque et en même temps de n'être qu'un infime point dans le cosmos.

La Mère s'approcha à nouveau de moi et toucha un point entre mes deux sourcils. Elle appuya de plus en plus fort en tournant et émit un son suraigu qui pénétra dans mon crâne, me donnant l'impression que ma tête se dilatait au point de contenir l'univers. Une poudre d'étoiles à nouveau se déversa sur moi et cette poudre se mit à me parler, m'enseignant mille choses inconnues. C'était comme si je lisais des centaines de livres en un éclair. Des nombres, des formules, des signes. Tout ce dont j'aurais besoin pour m'acclimater et vivre en dehors de mon monde, mais aussi des renseignements très précis sur les humains, leurs modes de vie depuis des siècles, leur évolution, leurs joies, leurs peines, leurs défauts et ce que les fées, bien qu'ils l'ignorent, font pour eux.

Peu à peu, la poudre d'étoiles cessa de tomber, la sensation de dilatation s'arrêta et le calme revint dans mon corps et ma tête. J'ouvris les yeux, éberluée par ce que je venais de vivre, ne trouvant les mots appropriés pour exprimer mon émoi.

La Mère à présent était assise devant moi et attendait que je reprenne mes esprits. Voyant que j'ouvrais les yeux, elle me demanda :

— Comment te sens-tu petite?

J'hésitai.

— Bi… en, bien, je pense.

— Maintenant nous allons quitter ce lieu.

Je ne pus m'empêcher de demander :

— Par le même couloir d'étoiles ?

— Non, répondit la Mère en souriant, ce « couloir d'étoiles » faisait partie de l'initiation, maintenant nous pouvons retourner sur le cercle polaire d'une manière beaucoup plus simple.

— Comment ?

— Mais de la façon la plus élémentaire, en volant.

— En volant ! Oui bien sûr, mais ne sommes-nous pas trop loin, trop haut pour pouvoir voler ?

La Fée Lumière rit.

— Non mon enfant, nous ne sommes pas trop loin, le temps et l'espace sont des choses très malléables. Lorsque tu auras entièrement repris tes esprits, l'enseignement reçu t'apparaîtra dans sa totalité. Tu comprendras mieux ce que tu viens de vivre, ce qui t'a été inculqué et la façon de t'en servir.

— Allons-y à présent.

Je regardai une dernière fois ce décor magique et m'envolai aux côtés de la Mère.

Quelques minutes après, nous étions à nouveau sur la neige non loin de la cabane du Père Noël et la Fée Lumière me dit :

— Maintenant tu vas dormir, je viendrai te voir à ton réveil et nous vérifierons si ton initiation s'est bien déroulée.

Légèrement affolée, je demandai :

— Arrive-t-il parfois qu'une initiation échoue ?

— Très rarement, une initiation est toujours donnée à qui doit la recevoir.

Mais il arrive que la personne ne puisse restituer la totalité de l'enseignement reçu. Il est en elle, elle en a conscience par moments sans pouvoir l'utiliser.

Je frémis.

— Oh ! J'espère qu'il n'en sera pas ainsi pour moi. Ou alors je pourrai dire adieu à mon grand voyage.

La Fée Lumière sourit tendrement.

— N'aie aucune crainte, pense à ce que je t'ai dit et endors-toi en paix.

Je fermai les yeux et la fée s'en alla...

Je dormis longtemps et me réveillai avec un petit quelque chose de différent.

Ma vie avait basculé. J'étais toujours la petite Friza, mais aussi la fée Cristal, la fée Azur et toutes les fées passées et présentes, connues et inconnues. J'étais la communauté des fées à moi seule. Je me sentais investie d'une responsabilité nouvelle, d'une sorte de mission. Je réfléchis un long moment sur ce qui venait de m'arriver, savourant cette transformation.

Puis comme chaque jour je m'étirai, fis quelques élongations et rotations des ailes et par ces simples mouvements je repris mes mauvaises habitudes et pensais que j'allais pouvoir étonner le Père Noël, quand soudain la Fée Lumière surgit devant moi avec un air courroucé.

Je sursautai, comprenant immédiatement que celle-ci avait lu mes pensées.

— De quelle manière envisages-tu d'étonner le Père Noël ? me demanda-t-elle.

— Eh... eh bien, je...

— Je vois, très impressionnant ! Ne t'ai-je pas dit que nous avions encore du travail ?

— Du... tra... vail ?

— Oui du travail, je sais que c'est un mot que tu n'aimes guère, mais je t'ai pourtant dit hier que je devais vérifier les résultats de ton initiation.

Cela signifie mettre en pratique par des exercices les connaissances que tu as reçues.

Les oreilles écarlates, je baissai la tête.

— Commençons. Assieds-toi, ferme les yeux, inspire et expire profondément sept fois, ensuite vide ton esprit de toutes pensées.

La Fée Lumière laissa passer quelques minutes, puis me demanda :

— À présent, dis-moi quelles sont les images qui viennent derrière tes paupières.

Je livrais consciencieusement à la Mère toutes les images qui se dessinaient sur l'écran de mes yeux clos, ainsi que toutes les sensations qui les accompagnaient. Elle me fit passer en revue les symboles et les formules magiques qui avaient défilé dans ma tête pendant l'initiation et les applications pratiques que j'allais pouvoir en tirer.

À la fin de l'exercice, la Fée Lumière me demanda d'ouvrir les yeux et m'expliqua :

— Je ne t'ai donné que l'application d'un petit nombre de formules, celles qui te serviront pour ton voyage. La compréhension des autres est en toi, mais je ne te conseille pas de la rechercher, il pourrait en résulter plus de mal que de bien, car tu es orgueilleuse et menteuse. Deux défauts auxquels il va d'ailleurs falloir impérativement mettre un terme.

Normalement tu n'aurais jamais dû recevoir l'initiation avant de les avoir définitivement corrigés. Hélas, les temps sont troublés et les grandes instances en ont décidé autrement. Sache néanmoins que cette initiation sans maîtrise préalable de tes émotions peut comporter des dangers.

Je frissonnai et demandai :

— Quels dangers ?

La Fée Lumière soupira. Elle ne voulait en aucune façon m'affoler, mais elle ne pouvait pas davantage me cacher la vérité.

— Vois-tu petite, la maîtrise de ses défauts et de ses émotions avant l'initiation a pour but d'éviter de se perdre sur des sentiers obscurs où règnent les ombres noires qui ont pour unique but l'anéantissement des êtres purs, qu'ils soient du règne humain ou du règne des fées. Tu devras redoubler de prudence, car il y a de grandes chances pour que ces ombres se glissent sur ton chemin.

Je commençai à trembler. Mais toujours astucieuse, une idée déjà germait dans mon esprit fertile.

Idée que je m'empressai d'exposer à la Mère, un large sourire aux lèvres.

— Le Père Noël est un être pur, je me mettrai sous sa protection pour éviter ces êtres maléfiques et nous voyagerons sans problème.

— Friza, Friza ! Rien n'est aussi simple ! Certes le Père Noël est un être pur et il pourra t'aider, mais si un être maléfique veut s'en prendre à toi, il le fera en trouvant une ou plusieurs de tes failles et là le Père Noël, ni personne d'ailleurs ne pourra rien pour toi.

Boudeuse, je baissai la tête. La fée continua.

— Et des failles tu en as, tu viens encore de m'en donner la preuve. Tu crois que l'on peut tout résoudre avec une pirouette, un petit mensonge, ou en se cachant derrière quelqu'un d'autre ?

Tu dois très rapidement changer d'attitude, apprendre à reconnaître tes défauts pour les juguler, ouvrir les yeux sur toi et ne pas compter sur les autres. Tu as moins d'un mois pour cela, c'est vital pour toi et sans ce début de maîtrise, je m'opposerai à ton départ et je jetterai un voile sur les souvenirs de ton initiation.

— Malgré le souhait des grandes instances ? Ils ne m'ont pas choisie sans une bonne raison !

— Oui Mademoiselle l'orgueilleuse. Tu es certes intelligente et communicative pour une fée, même un peu trop, mais ils t'ont choisie parce que ton destin convenait à leur plan.

J'écarquillai mes grands yeux.

— De plus, après l'initiation, tu ne t'appartiens plus. Tu es au service de la communauté, ce qui équivaut à des droits, mais surtout à beaucoup de devoirs. Et ces devoirs, tu vas les apprendre de gré ou de force avant ton départ. Si tu veux qu'il y ait un départ ! Je t'attends demain à la première heure.

J'étais médusée. Jamais je n'avais vu la Fée Lumière élever le ton et les éclairs qui sortaient de ces magnifiques yeux me clouaient le bec, ce qui n'était pas chose facile.

Le temps passa…

Jour après jour, je me présentais humblement devant la Fée Lumière qui, avec gentillesse et fermeté, m'enseigna la maîtrise des émotions.

Jusqu'au… 21 décembre !

Ce matin-là, lorsque je m'avançais vers la Mère, un léger sourire se dessina enfin sur ses lèvres.

— Bonjour Friza, quel jour sommes-nous ? Et que peux-tu m'en dire ?

— Nous sommes le jour du solstice d'hiver, Mère. Ce jour, dans la race des hommes, est le point culminant des forces spirituelles. C'est pour cela que les fêtes païennes de Noël sont liées à la naissance de Jésus.

— Bien, tu sais donc qu'aujourd'hui une sorte de passage permet la venue des Forces de Lumières et c'est en ce jour que je vais te donner ma bénédiction et mes dernières recommandations pour ton prochain voyage.

Tu as fait de très gros progrès depuis vingt et un jours et je suis fière de tes résultats. Je sais que cela n'a pas été facile pour toi et que seule la motivation de ton voyage t'a permis d'évoluer aussi vite. Néanmoins, tu dois avoir conscience que cette évolution n'est pas parfaitement ancrée en toi et que des parasites ne vont pas manquer de survenir dès que tu seras dans l'univers des hommes. Comme te l'a dit le Père Noël, le monde actuel des humains est extrêmement perturbant, l'air y est pollué et les Forces Noires y règnent dans beaucoup d'endroits, même si les hommes n'en sont pas toujours conscients. Tu devras être vigilante, penser sans cesse à mes conseils, pratiquer tes exercices et te mettre chaque jour en relation télépathique avec moi. À présent, reçois ma bénédiction et que l'Énergie soit en toi.

Très émue, je me relevai quelques minutes plus tard, assurant la Mère que je ferai de mon mieux pour qu'elle n'ait pas à regretter les heures passées à m'enseigner le chemin de la Lumière.

— Va maintenant, le Père Noël t'attend. Fais ce voyage que tu as tant souhaité faire, seulement n'oublie pas qu'il n'est plus uniquement un voyage d'agrément, mais l'accomplissement de ton destin.

Je hochai la tête en signe d'approbation, puis me blottis quelques secondes entre les ailes de la fée, avant de lui dire.

— Je vous remercie infiniment pour votre précieuse aide, je suivrai vos conseils à la lettre, mais je vous demande d'avance votre indulgence pour les erreurs que je ne manquerai pas de commettre.

Sur ces belles paroles, je quittai la fée et allai directement chez le Père Noël.

Je frappai énergiquement à sa porte, mais n'ayant pas de réponse, je décidai de me concentrer afin que celle-ci s'ouvre seule. Deux secondes suffirent pour qu'elle s'entrebâillât et j'entrai.

— Bonjour, Monsieur le Père Noël.

Surpris, le Père Noël se retourna.

— Tiens, tiens ! Notre fée voyageuse ! Comment es-tu entrée ?

— Par la porte que j'ai ouverte « magiquement » puisque vous ne m'entendiez pas.

— Oserais-tu prétendre que je suis sourd ?

— Non point, euh… pardon, je voulais dire pas du tout. Je sais que même mes coups de poing sont assez inaudibles. De plus cela m'a permis de vous faire une petite démonstration des pouvoirs que j'ai obtenus, grâce à un travail acharné pour que vous m'accordiez le droit de vous accompagner.

Le Père Noël souriait.

— Je vois que tu essayes de parler de façon un peu plus moderne et surtout qu'un peu d'humilité s'est glissée en toi. Quant à tes pouvoirs, ce n'est pas si mal, j'espère néanmoins que tu peux mieux faire.

— Oui Père Noël, la Fée Lumière m'a consacré une importante part de son temps pour que je sois digne de vous suivre.

— Bien, pour la magie nous verrons mais pour la discipline, bravo. C'est du travail de Fée Lumière où je ne m'y connais pas !

Je ne pus m'empêcher de demander :

— Vous connaissez la Fée Lumière depuis longtemps ?

— Toujours aussi curieuse et bavarde, malgré tout ?

Je baissai les yeux en répondant :

— Que voulez-vous, je ne peux changer totalement dans un laps de temps aussi court. Et puis… Je suis… Moi !

Le Père Noël éclata de rire.

— Oui tu es toi et pour finir, avec les quelques corrections apportées par la Fée Lumière, tu me plais bien fillette.

Je souris, bien qu'encore un peu offusquée par le « fillette » mais me gardant bien de le dire.

— Je ne vais pas avoir beaucoup de temps à te consacrer avant notre départ et je ne pense pas que tu puisses m'être très utile.

J'ouvris la bouche et la refermai aussitôt.

Le Père Noël fit semblant de n'avoir rien vu.

— Donc le mieux est que tu te reposes, que tu fasses ton baluchon et que tu reviennes ici le 24 décembre à 0 h 00 lorsque j'aurai fini ma démultiplication, nous pourrons partir pour Paris.

J'ouvris de grands yeux.

— Vous vous démultipliez seulement le 24 décembre ? Mais alors… Tous les autres, ce sont des… faux !

Le Père Noël soupira.

— Tu peux le dire ! Ce sont des humains qui s'habillent comme moi et qui début décembre pullulent dans les magasins.

— Mais pourquoi ? Puisque vous pouvez vous démultiplier.

— Vois-tu petite, les humains ont fait de moi un objet de consommation.

J'étais terrifiée.

— Oh ! Oh ! Mais… articulais-je difficilement.

Le Père Noël continua.

— Ils me mettent dans leurs magasins, leurs usines, leurs bureaux.

Peu d'enfants croient encore en moi, la seule chose qui les intéresse ce sont les cadeaux de plus en plus sophistiqués qu'ils demandent à leurs parents. Je me démultiplie pour apporter la joie, le bonheur, le réconfort aux plus malheureux à travers le monde, pas pour faire le clown dans les lieux publics.

Craintive, je demandai :

— Vous avez dit qu'ils vous prenaient pour un objet de consommation.

Cela signifie-t-il qu'ils veulent vous… Manger ! Et que font-ils aux fées ?

Le Père Noël laissa libre cours à son rire tonitruant.

— Non rassure-toi, ils utilisent mon nom, mon image médiatique, comme ils disent, mais ils ne me mangent pas. Quant aux fées, ils les mettent dans leurs films, comme la fée Clochette.

— La fée Clochette ? Je n'en ai jamais entendu parler, la connaissez-vous ?

Le Père Noël rit de plus belle, essuyant avec le pompon de son bonnet la sueur provoquée par son hilarité.

— Pas personnellement. Je vois que quelques lacunes subsistent dans tes connaissances sur le monde des humains. Je serai bref.

Les Hommes font des films. C'est un peu comme des projections en magie, puis ils mettent ces projections dans des boîtes et les regardent après.

Je poussai un cri.

— Ils nous enferment dans des boîtes magiques ? Mais c'est É... pou... vantable, je n'ai pas vu cela dans mon initiation. Je dois prévenir la Fée Lumière.

— Du calme, du calme. Tu l'as sans doute vu et ce n'est pas épouvantable, puisque ce n'est qu'une illusion. N'aie pas peur, une fois là-bas, tu comprendras mieux. La fée Clochette est un personnage créé par les humains, elle n'existe pas.

— Mais s'ils l'ont créée, elle existe !

Le Père Noël soupira profondément.

— Les choses ne se passent pas de la même manière dans le monde des humains. Ils ne font pas de magie, ils font... de la technique.

— De la technique ? Est-ce une forme de magie ?

— Pour l'instant pense que c'en est une. Et pour te rassurer, je peux te garantir que la fée Clochette est aimée des enfants.

Bien que ne comprenant pas véritablement les explications du Père Noël, je poussai un énorme soupir de soulagement à l'idée qu'une fée était appréciée chez les humains. Ce dont je ne doutais pas avant d'avoir entendu ses propos déstabilisants.

Toujours en riant, le Père Noël ajouta :

— Je pense que deux jours de repos ne seront pas de trop pour toi. Va vite, je t'attends en grande forme à l'heure prévue.

Le 24 décembre à 0 h 00 précise, j'étais dans la cabane du Père Noël.

J'avais emballé quelques affaires dans un petit sac en toile d'araignée finement travaillé. Ce présent de grande valeur, dont la Fée Lumière m'avait fait cadeau, possédait par lui-même d'immenses pouvoirs magiques.

J'avais réussi à me reposer et à faire le vide dans mon esprit pendant ces deux derniers jours, mais à présent...

Mes ailes tremblaient, mon cœur battait la chamade et j'avais du mal à respirer. Le rêve de ma vie allait enfin se réaliser et malgré ce mois de préparation, je me sentais angoissée.

Le père Noël me fit sursauter.

— Te voilà bien silencieuse, petite. Des regrets ?

— Non… Non, bafouillai-je, juste un peu d'émotion.

— Parfait, le traîneau est prêt, il n'attend plus que nous.

Il ferma soigneusement sa cabane et se dirigea vers le traîneau où ses rennes piaffaient d'impatience.

Il s'installa confortablement, me prit sur ses genoux et me dit :

— Enroule cette fine corde magique autour de ta taille et agrippe-toi à la couverture. La secousse va être très forte, mais tu ne risques rien. Dans moins d'une minute, nous serons à Paris.

— Oh, une minute !

— Eh oui petite, mes quatre pattes magiques volent plus vite que n'importe quel engin spatial. Prête ?

Je hochai la tête en signe d'approbation.

— Alors, allons-y.

Le Père Noël, d'une voix forte et majestueuse, prononça les mots de pouvoir qui firent démarrer les rennes à la vitesse de l'éclair. Accrochée à la couverture, j'eus l'épouvantable impression que mes ailes s'arrachaient et mon cœur explosait. Je remerciai la corde magique d'avoir empêché mon corps de se perdre dans l'espace, quand je compris que nous étions déjà arrivés à… Paris ?

Non ce n'était pas Paris ! Ce terrain vague, ces bâtiments en ruines !

— Où sommes-nous ? demandai-je affolée.

Le Père Noël rit.

— À Paris, ce n'est pas ce que tu voulais ?

— Si, non… enfin je veux dire… ce n'est pas le Paris dont on m'a parlé, c'est… affreux !

— Ne t'inquiète pas petite, nous ne pouvions pas atterrir sur la place de La Concorde. Nous sommes dans un coin de banlieue qui va être démoli, je vais pouvoir laisser les rennes ici en toute sécurité. Un voile d'invisibilité et tout sera parfait.

— Et nous ?

— Patience, laisse-moi d'abord m'occuper de mes rennes.

Le Père Noël parqua ses rennes dans un espace bétonné contenant de nombreux poteaux, dont un des côtés était entièrement

ouvert. Il répandit sur le sol une poudre translucide qui se transforma aussitôt en un lichen vert et appétissant. Les rennes avancè-
rent et commencèrent à le déguster. Ensuite il prononça la formule
d'invisibilité leur permettant de l'attendre dans la plus parfaite
tranquillité.

Enfin il prit sa hotte et me dit :

— À présent, installe-toi au-dessus et sers-toi toujours de la corde
magique pour te maintenir en équilibre. Je marche très vite et dès que
nous approcherons des maisons allumées que tu vois au loin, je m'élè-
verai rapidement pour survoler la ville.

Le Père Noël n'avait pas fini sa phrase, que ses grandes enjambées
me faisaient déjà tanguer dans tous les sens. Je m'accrochai de toutes
mes faibles forces à la corde magique et poussai un cri lorsqu'avec une
flexion des genoux il s'éleva dans la nuit étoilée. Après quelques
soubresauts, il suivit les courants aériens comme un parfait oiseau et le
vol devint agréable.

Parfaitement à l'aise, je ne pus retenir plus longtemps ma langue.

— Où allons-nous en premier ? Comment allez-vous procéder pour
la distribution des cadeaux ?

À nouveau, le Père Noël se mit à rire.

— Cela faisait un moment que je n'avais pas eu la chance d'entendre ta voix ! J'ai eu raison de savourer ces trop rares instants de
silence.

Je soupirai.

— Vous savez parfaitement que je n'ai pas encore vaincu totalement ma curiosité naturelle.

— Totalement ! s'exclama-t-il, tu veux dire pas du tout !

— Peut-être, peut-être. Je vous le concède.

Le Père Noël se racla la gorge.

— Tu peux me redire ça, version actuelle ?

Je levai les yeux au ciel.

— OK, OK, j'y arrive pas, j'suis curieuse ! Alors on fait comment ?

— Oh alors là, nous passons sans transition de Madame la
Comtesse à Gavroche.

— C'est qui c'lui-là ?

— Du calme petite, je n'ai pas le temps de te donner un cours de littérature, je voudrais simplement que tu trouves un juste milieu dans ta façon de t'exprimer.

Je baissai les yeux.

— Bien je vais essayer. Pouvez-vous m'expliquer ce que nous allons faire ?

— Pour tout te dire, je ne pense pas que tu fasses beaucoup de choses.

Tout en parlant, le Père Noël s'était assis sur le rebord d'un toit et j'en profitai pour quitter la hotte et m'installer en face de son nez.

— Ah ! Et pourquoi ? Auriez-vous l'intention de m'abandonner sans vergogne sur le bord du toit de n'importe quel immeuble ?

— Non Madame la Comtesse, je...

— Et zut ! Je peux pas parler, c'est ma vie quand même, vous êtes jamais content ! Une fois c'est trop chic, une fois c'est trop Gavro... j'sais pas qui. J'en ai assez et plus qu'assez, laissez-moi le temps de m'adapter et si je mélange les genres, souffrez de ne pas m'en tenir rigueur.

À nouveau, le Père Noël éclata de rire.

— Une fée en colère ! C'est la première fois que je vois cela.

— Comme quoi tout arrive. Et croyez-moi, vous n'êtes pas au bout de vos surprises, nom d'une fée !

Le Père Noël essaya de calmer son rire.

— Bon, bon ça va, je ne veux pas me disputer avec toi. Mais souviens-toi que tu as reçu une initiation et que tu dois faire preuve d'un peu plus de maîtrise, si tu ne veux pas rencontrer des problèmes autrement plus graves que celui du langage.

Je fronçai les sourcils en me souvenant des paroles de la Fée Lumière.

— Vous avez raison. Vous me voyez désolée de cet accès de colère incontrôlé, dû sans doute au voyage, au changement de climat et à la tension générale accompagnant cette mission. Néanmoins, essayez de prendre en compte les sentiments conflictuels dont je vous ai fait part, afin que notre collaboration soit la plus efficace possible.

Le Père Noël leva les yeux au ciel.

— Je ne te dirai plus rien sur ton langage, emploie celui que tu veux, ou que tu peux selon tes possibilités. Par contre, je crois que nous devons mettre de suite au point cette fameuse « collaboration » dont tu parles, je…

— Absolument, je suis heureuse que vous vous décidiez enfin à aborder ce sujet essentiel…

— STOP ! Arrête ou je te laisse endormie par mes soins dans n'importe quel coin jusqu'à la fin de ma tournée.

J'ouvris la bouche, mais le Père Noël ne me laissa pas prononcer un mot.

— Je vais parler, d'accord ?

Les lèvres pincées, je hochai la tête.

— Tu es venue avec moi pour que je te serve, disons… de chauffeur, mais je dois faire ma tournée comme chaque année, parfaitement et dans les temps.

Je sais par la Fée Lumière que ce voyage, que tu désirais tellement faire, était prévu dans les Arcanes du Temps. Mais ton destin n'est pas le mien. Nous sommes arrivés ensemble et nous repartirons ensemble, car j'ai pour devoir de te ramener entière. En dehors de cela, tu vas accomplir ta « mission » et moi la mienne. Est-ce bien clair cette fois ?

— Très clair. Je ne pensais pas vous gêner à ce point, même si j'avais remarqué une certaine impatience de votre part à mon égard. Je vais donc partir seule et affronter mon destin !

— Il est inutile de prendre tes grands airs, tu savais depuis ton initiation que ce voyage était inscrit dans « ta » destinée. Maintenant il est trop tard pour reculer.

Outrée, je m'exclamai :

— Je n'ai jamais eu l'intention de renoncer à ma destinée, mais sans doute ai-je eu tendance à remettre l'instant de notre séparation. Ouh !… J'ai chaud.

— Je pense qu'il serait nécessaire que tu mettes en pratique ce que la Fée Lumière t'a enseigné. Nous sommes ici depuis un moment, même si nous n'avons pas une notion du temps identique à celle des humains, n'oublie pas que tu es une fée de glace. Tu dois exercer tes pouvoirs magiques pour t'acclimater.

Je vais te laisser à présent, tu sais comment me contacter, mais tu sais aussi qu'il vaut mieux l'éviter. Chacun doit vivre sa vie. Vis ce que tu as rêvé depuis toujours et si par moments cette vie ne te semble pas conforme à tes rêves, continue malgré tout, lutte, espère et la réalité sera plus belle que le rêve.

Ce que j'avais vu jusqu'à présent ne correspondait pas vraiment à mes rêves. Je me demandais aussi comment réaliser ma mission auprès des hommes et en combien de temps? Repartir avec le Père Noël me semblait bien difficile, à moins que ce retour ait lieu dans une, deux ou trois années...

Mais le Père Noël avait raison, la première chose était d'accepter mon destin tel qu'il était et d'en faire une réalité plus belle que le rêve.

Réconfortée par ces pensées positives, je poussai un soupir de soulagement, battis des ailes pour m'approcher du Père Noël et déposai un baiser sur son nez.

— Merci pour vos conseils, je ferai tout pour être digne de la Fée Lumière et remplir mon rôle auprès des humains.

— À mon tour de te remercier pour ce charmant baiser. Je te souhaite bonne chance petite fée, à bientôt.

— À bientôt, murmurai-je.

Le Père Noël était parti et seule sur la gouttière j'entrai en méditation pour me refroidir.

Quelques minutes plus tard, j'étais en pleine forme. Mon corps d'une belle couleur bleu argenté était à nouveau couvert d'une pellicule de glace translucide, mes ailes parfaitement givrées battaient sur un bon rythme et sans une hésitation je m'envolai.

D'abord, je tourbillonnai au-dessus de la capitale à haute altitude. Puis guidée par mon instinct, je descendis progressivement en décrivant des cercles de plus en plus rapprochés et enfin piquai sur un groupe d'immeubles d'où s'élevait de la musique.

J'étais en plein cœur de la ville. Les arbres, les maisons, les magasins étaient habillés de lumières multicolores. Fascinée, je retrouvai peu à peu l'excitation qui était la mienne lorsque je rêvais de cette ville, oubliant l'ineffable beauté du pays des fées. Une fenêtre plus illuminée que les autres attira mon attention, je m'en approchai, collant mon minuscule nez dessus. À l'intérieur un gigantesque sapin, couvert de décorations rouges et vertes, s'élevait jusqu'au plafond. Des guirlandes d'or et de lumière l'encerclaient et une quantité impressionnante de cadeaux attendait au pied de l'arbre que l'heure fût venue de les ouvrir.

Dans une autre partie de la pièce, une famille dînait à une table richement décorée. Ils parlaient, riaient, tout semblait merveilleux. J'étais ravie à la vue de ce décor idyllique, quand soudain mon intuition me souffla que la tristesse régnait dans cette riche demeure. En effet, lorsque peu de temps après les convives quittèrent la table pour se diriger vers le sapin, je remarquai parmi eux une petite fille qui se déplaçait grâce à un fauteuil roulant.

Bien que n'ayant jamais vu ce genre de fauteuil, je compris immédiatement que l'enfant ne pouvait marcher sans l'aide de cet appareil. Je continuais à l'observer.

La fillette vêtue d'une robe de velours bleu nuit, deux nœuds de satin assortis à sa robe retenant ses jolis cheveux noirs, penchait tristement la tête sur le côté. Arrivée au pied du sapin, un pâle sourire se dessina sur ses lèvres roses.

Je tendis le cou pour mieux voir ce que contenaient les paquets.

La petite fille reçut gentiment tous ses cadeaux, remerciant les uns et les autres, puis commença à les ouvrir. Les merveilles qui sortaient de toutes ces boîtes colorées, contrairement à moi, ne semblaient pas l'émouvoir.

Je vis une créature féminine plus grande que moi, mais tout aussi gracile avec de longs cheveux blond pâle, portant une somptueuse robe en lamé argent, digne d'une reine des fées. J'en fus troublée, ne comprenant ni son immobilité, ni ce qu'elle faisait dans une boîte.

J'essayais d'échapper à ma curiosité pour poser à nouveau mes yeux sur l'enfant. Il était évident qu'elle ne pouvait marcher et pourtant son corps me semblait parfaitement constitué.

Soudain son regard se posa sur la fenêtre, m'avait-elle vue ?

Je vis ses lèvres remuer, un homme de forte corpulence se diriger vers moi et je commençai sérieusement à paniquer.

Je fus vite rassurée. Personne ne m'avait remarquée, l'homme avait simplement entrouvert la fenêtre, sans doute pour rafraîchir la pièce où brûlait un grand feu dans une cheminée de marbre.

N'était-ce pas, pensai-je, l'occasion unique pour moi de rentrer dans le salon, de m'approcher de cette enfant et de la créature de la boîte ?

Courage Friza !

Je me faufilai dans l'interstice et je volai jusqu'à elle.

« Ah... Ahhhh, mais c'est l'enfer ici ! Vite demi-tour »...

« Ouh, Reine des fées ! Comment font-ils pour vivre dans un four ? Je ne supporterai jamais cette chaleur ! »

Je soupirai et cherchai une solution.

« Si je veux y retourner, je dois augmenter l'épaisseur de la pellicule de glace qui entoure mon corps pour en faire une sorte d'armure protectrice. »

Je repliai mes ailes et pratiquai assidûment mes exercices de concentration afin d'obtenir l'effet désiré. Une fois satisfaite du résultat, je rentrai à nouveau dans la pièce. Je volai discrètement vers une commode, regardant chaque détail de cet appartement si différent de la cabane du Père Noël.

C'était beau, très beau même, le parquet de bois ressemblait à un miroir, des tapis de soies le recouvraient par endroits, le mobilier, où contemporain et ancien se mêlaient harmonieusement, rendait ce lieu merveilleusement confortable. Mais il y avait... Charlotte !

« Comment l'avait-il appelée ? Charlotte ! Je croyais que c'était un gâteau. Bizarre ces humains ! »

Mes yeux s'étaient à nouveau posés sur la fillette dont le père venait de prononcer le nom. Sur son fauteuil, elle continuait à déballer mélancoliquement ses cadeaux, paraissant totalement absente de ce merveilleux Noël.

Noël ! N'était-ce pas la fête des enfants ? Je commençai à comprendre ce que la Fée Lumière m'avait enseigné. Le monde des humains n'était formidable que dans les récits de la fée Cristal. La réalité pouvait être terrible, même noyée dans le luxe et la beauté.

Je sentais qu'une partie de mon initiation se déroulait ici, dans ce décor de fête parmi les hommes. J'avais acquis les pouvoirs magiques au pays de fées, mais les pouvoirs du cœur, ceux qui ne s'enseignent pas, j'allais les expérimenter auprès de cette fillette.

Toute à mes réflexions, cachée derrière un vase Ming, je pouvais observer sans être vue.

« Friza! Pourquoi te cacher? As-tu oublié que les humains ne peuvent te voir? »

Était-ce la voix de la Fée Lumière qui venait de me rappeler la réalité? Énervée, je frottai mes ailes en continuant à réfléchir.

Pour pouvoir l'aider, je devais trouver un moyen de me faire remarquer par Charlotte.

« L'aider! Ne serais-tu pas un peu prétentieuse? »

« Et alors! Ne suis-je pas venue ici pour remplir une mission? Ce n'est pas de la prétention, si je ne peux être utile à personne, si je m'arrête au premier obstacle, il vaut mieux que je rentre immédiatement au pays des glaces. »

« Parfait Friza, je suis satisfaite de ta réaction et n'oublie pas que je suis en permanence avec toi. »

Je baissai humblement les yeux. Comment avais-je pu oublier les pouvoirs de la Fée Lumière? Sûre de moi, je quittai ma cachette et me mis à voler tranquillement autour de Charlotte.

Un, deux, trois tours, puis j'effleurai un des rubans que la fillette portait dans ses cheveux, pensant que le bruissement accéléré de mes ailes provoquerait une réaction.

Hélas, il n'en fut rien. Je me grattai le nez et réfléchis. Je décidai de m'installer confortablement sur les genoux de Charlotte et de capter son regard. Je fixai intensément ses prunelles bleu outremer, mettant toute la force de ma pensée pour entrer en communication avec son esprit.

Après des minutes qui me parurent très longues, Charlotte commença à regarder à droite, puis à gauche comme si une personne invisible l'avait appelée.

— Eh! Je suis là, juste en face de toi, assise sur tes genoux. Ouh, ouh! Charlotte.

Soudain, alors que je commençais à désespérer, elle regarda dans ma direction. Je fis un ultime effort de concentration et... Je vis la bouche et les yeux de Charlotte s'arrondir de stupéfaction.

Arborant mon plus joli sourire, je me levai, fis quelques pas pour me rapprocher d'elle et exécutai une jolie révérence que m'avait enseignée la fée Cristal.

— Bonjour Charlotte, est-ce que tu me vois ?

Un sourire commença à se dessiner sur les lèvres de la fillette, mais sa bouche resta ouverte et aucun son ne put en sortir.

Je décidai de rompre ce silence.

— Je m'appelle Friza, je suis une fée de glace et c'est la première fois que je viens à Paris. J'ai entendu que tu t'appelais Charlotte, ne veux-tu pas me parler ?

Ébahie, Charlotte ne pouvait prononcer un mot.

— Bon, je sais qu'il n'est pas commun qu'une fée de glace soit dans un appartement parisien surchauffé, mais vois-tu je ne suis pas une fée de glace ordinaire, moi j'ai reçu…

— Friza ! N'as-tu pas l'impression de cumuler plusieurs défauts en une seule phrase : orgueil, bavardage et sans mon intervention quelques secrets touchant ton initiation ?…

Je devins écarlate.

— Je… Non… Enfin, parler n'est pas forcément du bavardage, il faut bien que je me présente et que je mette cette enfant en confiance, pour le reste, je me suis peut-être un peu égarée.

— Égarée ? Tâche de ne plus t'égarer alors !

— À qui parles-tu ?

— Oh ! Tu as entendu ma conversation ?

— Oui, excuse-moi, si c'était d'ordre privé.

— Non ce n'est rien, tu es tout excusée. Je suis tellement contente que tu m'entendes et que tu me parles enfin. As-tu entendu ce que la Fée Lumière m'a dit ?

— La Fée Lumière ?… Est-ce le nom de la personne avec qui tu parlais ?

— Oui.

— Non je n'ai rien entendu, uniquement tes réponses.

Je décompressai.

— Bien… Je vais continuer la présentation. Comme je te l'ai déjà dit, je suis une fée de glace et je m'appelle Friza. Je suis venue à Paris avec le Père Noël, car c'était le rêve de toute ma vie. Depuis deux cents ans j'essayais de le convaincre sans succès et cette année… J'ai réussi.

Charlotte était à nouveau médusée.

— Tu as deux cents ans et tu es venue avec le Père Noël ?

— Oui et alors ?

Charlotte éclata de rire. Ce qui eut pour effet de faire se retourner et venir vers elle, une belle femme lui ressemblant comme deux gouttes d'eau.

— Ma chérie, je suis tellement heureuse de t'entendre rire, cela fait si longtemps ! Ce sont tes cadeaux, l'oncle Hector t'a-t-il fait une blague ?

— Euh ! Non maman, je rêvais sans doute.

— L'important, c'est que tu sois heureuse, je t'aime ma chérie.

Et la jolie maman déposa un baiser sur la joue de sa fille, avant de retourner auprès des femmes avec qui elle parlait auparavant.

Charlotte regardait Friza.

— Tu es venue avec le Père Noël ! Mais le Père Noël n'existe pas.

— Ah, quelle erreur ! « Les humains ne croient presque plus à mon existence », m'a-t-il confié et pourtant je ne l'ai pas cru.

Le Père Noël existe Charlotte et tant que les enfants croiront en lui, il continuera d'exister.

— Mais voyons, il y a plein de Père Noël dans tous les magasins et tous les enfants d'un certain âge savent que ce sont des hommes déguisés pour faire vendre des cadeaux.

— Oui, oui je sais cela. Mais il y a véritablement un Père Noël, il vit au cercle polaire, comme moi et toutes les autres fées de glace. Le 24 décembre, il se démultiplie pour apporter du bonheur à des enfants malheureux, pas pour venir dans les magasins.

Charlotte ouvrait de grands yeux, tandis qu'un triste sourire se dessinait sur ses lèvres.

— Des enfants malheureux ! murmura-t-elle. C'est quoi pour lui un enfant malheureux ?

Je soupirai à nouveau.

— Je ne sais pas, fillette, je ne suis qu'une fée de glace, mais j'ai déjà compris que tu n'étais pas heureuse, malgré ton décor idyllique. Ne te désole pas, je suis là.

Charlotte eut une moue dubitative.

— Oui c'est fantastique de pouvoir parler avec toi, mais…

— Mais… Je suis trop petite pour jouer avec toi ?

— Non, c'est n'est pas ça… Je…

Charlotte hésita à prononcer les paroles qui la faisaient tellement souffrir.

— Je ne peux plus marcher…

Je baissai les yeux.

— Ah ! C'est bien ce que je pensais, ce fauteuil remplace tes jambes. Mais comment cela peut-il arriver ? Les jambes peuvent-elles s'arrêter de fonctionner toute seule ?

Charlotte sourit.

— Tu es mignonne, mais j'ai l'impression que tu connais mal les humains.

J'approuvai de la tête. Et Charlotte continua, heureuse de pouvoir parler à l'incroyable personnage que j'étais pour elle.

— J'ai eu un accident, ma colonne vertébrale a été touchée et je ne pourrai jamais plus me servir de mes jambes.

Je me grattai la tête en réfléchissant.

— Les humains sont très fragiles ! Je vous imaginais forts et indestructibles… Peux-tu m'accorder quelques instants ?

— Si tu veux.

Je m'éloignai de Charlotte, m'installai « au frais » près de la fenêtre et entrai en communication avec la Fée Lumière.

— Mère, j'aurais besoin de vos conseils, que puis-je faire pour sauver cette enfant ?

— Rien.

— Comment rien, mais cela est impossible ! Ne voyez-vous pas la tristesse dans ses yeux. Je dois faire en sorte qu'elle puisse marcher à nouveau et vous devez m'aider.

Je sentis une étrange vibration me parcourir, la fièvre empourprer mes joues et je me mis à trembler de la tête aux pieds.

— N'as-tu pas l'impression d'avoir dépassé les bornes, petite insolente ?

— Ah !… Ah !…

Je tremblai de plus belle.

— Je… vous… en supplie, arrêtez. Veuillez excuser mon inadmissible audace, mais cette enfant me touche et ne m'avez-vous pas dit que je devais jouer un rôle dans le monde humain.

La Fée Lumière ne répondit rien. Progressivement le tremblement qu'elle m'avait infligé diminua, puis cessa complètement.

— Mère ?… Mère !

La communication était-elle coupée ? Je me mordis les lèvres et le temps me parut interminable…

— Je suis là.

Je poussai un profond soupir de soulagement.

— J'ai pris la décision de te laisser agir à ta guise. Seule l'expérience pourra te servir de leçon. À présent, tu vas te débrouiller toute seule. Tu as eu une initiation, à toi d'en faire bon usage.

— Et… Si je me trompe… Si j'oublie… des formules ?

— La liberté est à ce prix.

— Oh Mère, je ne voulais pas vous fâcher. Je sais que je suis encore trop impulsive, mais cette enfant…

— Je ne suis pas fâchée, Friza. Chaque action entraîne une réaction, tu as mis ton destin en marche, il devait en être ainsi.

— Mais si des Forces Noires…

— Tout est en toi, sois prudente, maîtrise ton orgueil, calme tes impulsions, mais garde ton désir d'aider. À présent, je vais te laisser, non sans t'avoir donné une dernière bénédiction.

— Non… Je vous en supplie.

— Le temps est venu, Friza. Tout ce que tu as tellement désiré va s'accomplir.

— Je voulais seulement venir à Paris avec le Père Noël !

— Non et tu le sais depuis ton initiation. Ce désir superficiel était la manifestation de l'intuition profonde de ton destin. Agenouille-toi.

Sans ajouter un mot, la Fée Lumière me bénit et m'insuffla la Force.

Lorsque j'ouvris les yeux, je savais que je serais seule désormais.

Je respirai profondément et revins m'asseoir sur les genoux de Charlotte qui n'avait rien manqué de cette étrange scène.

Ne pouvant voir et entendre que moi, le spectacle avait été plutôt comique et Charlotte riait.

— Eh bien, on dirait que je te fais souvent rire, c'est une bonne chose.

— Que s'est-il passé ? Tu as eu des ennuis avec ton chef.

— Avec mon chef ! m'exclamai-je.

— Euh… En fait c'est un peu cela, mais la Fée Lumière est en réalité la Mère de toutes les fées, celle qui détient la connaissance, qui peut la donner ou la refuser, celle qui nous protège sans que nous en ayons conscience.

— Elle est comme votre Dieu ?

Je réfléchis encore.

— En quelque sorte. Mais le monde des fées n'est pas identique au monde des humains et je n'ai pas le droit de te dévoiler tous les secrets de mon univers.

— Dommage. Je suis curieuse de nature, je m'intéresse à tout, je lis beaucoup, surtout depuis que je suis sur ce fauteuil…

Charlotte soupira.

— Je ne peux plus faire les mêmes activités. Avant je faisais de la danse classique et mon rêve était d'entrer à l'Opéra pour devenir un petit rat.

Mes yeux s'écarquillèrent, ma bouche s'entrouvrit, mais avant même qu'un son ne sorte, des larmes embuèrent les yeux de Charlotte et elle continua.

— L'Opéra est un espoir à jamais perdu pour moi, alors il me reste le rêve et les livres qui me permettent de rêver. Je m'identifie aux personnages du roman et pendant quelques heures, je vis leur vie et non la mienne.

Tout en écoutant, je réfléchissais.

— Ce que tu me dis est très intéressant, si tu arrives vraiment à t'identifier à un personnage, nous pouvons en créer un dans la peau duquel tu te glisseras et hop ! Fini le fauteuil.

Totalement ahurie, Charlotte m'écoutait, mais soudain la colère l'envahit et elle déversa toute sa peine.

— Et hop ! Tu crois que tout est aussi simple ! Mon corps est cassé ! Peux-tu comprendre cela ? Moi il m'a fallu beaucoup de temps pour le comprendre et admettre que jamais plus ma vie ne serait comme avant. Tu n'as pas le droit de me faire souffrir avec tes histoires à dormir debout.

— Mes histoires à dormir debout ! As-tu déjà oublié que je suis une fée, que tu me parles et que tout cela est bien réel.

Charlotte baissa la tête.

— Excuse-moi. Je me suis laissée emporter. Mais après tout n'es-tu pas seulement le fruit de mon imagination ?

— Non Charlotte, je suis bien réelle et je sais que je peux t'aider. Nous nous ressemblons, tu es bavarde, curieuse et très déterminée. Et crois-moi il m'a fallu une sacrée détermination pour être ici. Rien n'est impossible avec l'espoir et la volonté.

Charlotte affichait une moue dubitative.

— Enfin une fée de glace, avec cette chaleur, parlant à une enfant d'humain, ne trouves-tu pas cela aussi prodigieux que de te faire marcher ?

Regarde-moi dans les yeux. Nous allons y arriver.

— Nous... Que puis-je faire ?

— Avoir confiance en moi et croire de toutes tes forces à notre réussite. J'ai besoin de ta foi et de ta volonté, d'accord ?

Charlotte sourit.

— D'accord, mais... donne-moi une preuve que je ne rêve pas.

— Une preuve ?

Je réfléchis. Soudain je me levai et avec la pointe de mon aile de glace, je coupai légèrement la main de Charlotte.

— Aie !

Une goutte de sang perla sur la peau de la fillette.

— Je saigne !

— Saignerais-tu si c'était un rêve ?

— Non répondit Charlotte en épongeant son poignet à l'aide d'un mouchoir. Tout est bien réel, mais tellement incroyable !

Et d'ajouter les yeux remplis d'espoir :

— Pourras-tu vraiment m'aider ?

— Je ferai tout ce qui est en mon pouvoir, je te le promets. Mais... Avant j'ai une importante question à te poser.

— Ah oui, laquelle ? demanda Charlotte inquiète.

— Pourquoi avant ton accident voulais-tu devenir... Un petit rat ? Je pense qu'il doit être plus intéressant d'être un humain qu'un rat !

Charlotte éclata de rire et sa mère à nouveau vint vers elle.

— Ma petite Charlotte, dit-elle en se penchant vers elle, tu ne veux pas me raconter ce qui te fait rire autant ?

— C'est dans ma tête Maman, j'imagine des situations comiques.

— Tu es merveilleuse, ma chérie, que dirais-tu de devenir écrivain ?

— Pourquoi pas, Maman. Si cela peut te faire plaisir.

— Oh ma chérie, seul ton plaisir compte pour moi.

Charlotte évita de répondre et un sourire amer se dessina sur ses lèvres.

Sa mère se releva, voulant visiblement éviter toute discussion avec sa fille, quand soudain :

— Mais tu es blessée, comment as-tu fait ?

— Avec... une boîte, ce n'est rien maman, juste une égratignure, aucune raison de t'alarmer.

— Parfait, alors je te laisse dans ton monde imaginaire, ma chérie, je dois hélas quant à moi retourner à mes obligations.

— C'est cela Maman, retourne à tes obligations.

Légèrement crispée, la mère ne répondit rien et afficha un sourire de circonstance pour retourner auprès de ses amies.

— Ouh ! Je ne connais pas grand-chose au monde des humains, mais il me semble que votre relation est quelque peu... Comment dire, tendue ?

Charlotte sourit.

— Tu es très perspicace, Mademoiselle Friza.

Je me rengorgeai.

— Mademoiselle Friza ! J'aime beaucoup, mais je ne sais toujours pas pourquoi tu voulais devenir un rat !

Charlotte plissa son petit nez.

— Cela t'intrigue vraiment ?

— Oui, votre monde est très complexe et un « désir » comme celui-ci m'interpelle.

— Je ne vais pas te laisser plus longtemps sans explication. Un petit rat de l'Opéra est une apprentie danseuse.

— Je ne comprends pas. Quel est le rapport entre la danse et les rats ?

— Attends un peu, c'est une expression. Les expressions ont toujours une origine et je vais te raconter d'où vient cette expression. Autrefois au XIXe siècle, se trouvaient dans les greniers de l'Opéra Garnier, des magasins à grains. Or c'est justement sous les combles de l'Opéra, que les élèves de l'école de danse faisaient leur apprentissage, dans des classes situées à côté des greniers à grains. Et bien évidemment, les grains entreposés attiraient les rats qui trottinaient le long des murs. Alors quand les élèves parcouraient d'un pas léger les couloirs pour aller d'une classe à l'autre, leur trottinement rappelant celui des rats, on prit l'habitude de les appeler « petits rats de l'Opéra » et l'expression est restée, bien qu'il n'y ait plus de grains ni de rats dans les combles.

— C'est passionnant et je suis étonnée que la fée Cristal ne m'ait jamais raconté cette anecdote, elle qui en était si friande.

— Qui est la fée Cristal ?

— Mon éducatrice, elle était merveilleuse, elle était née au début du Moyen Âge, connaissait très bien le monde des humains et s'exprimait à ravir.

— Tu veux dire qu'elle aussi était venue ici ?

Je me pinçai les lèvres.

— Euh ! En vérité je n'ai pas le droit d'en parler. Mais c'est elle qui m'a donné l'envie de connaître votre monde. Bien sûr, ce qu'elle m'avait raconté ne correspond plus vraiment à la réalité. Tout a changé, à commencer par le langage, ce qui n'a pas été sans me poser quelques problèmes, mais les moqueries du Père Noël m'ont forcé à le transformer rapidement.

Charlotte n'en revenait pas.

— C'est fantastique ! À t'entendre tout semble si naturel.

— Mais tout est naturel !

— Peut-être dans le monde des fées, pas dans le mien. J'ignore par quel miracle je peux te voir et pourquoi, mais je ne pense pas qu'il y ait beaucoup de personnes dans le même cas.

— C'est là que tu trompes. Certes vous n'êtes pas des millions à nous voir, mais des milliers sans aucun doute. Ce sont souvent les enfants qui nous voient et malheureusement leurs parents ne croient pas à leurs récits. La frontière entre le rêve et la réalité est très mince, alors en grandissant, ils nous rangent du côté du rêve et nous oublient.

— Je ne pense pas que je pourrai t'oublier.

— Je l'espère. Quel âge as-tu ?

— J'ai dix ans.

— Oh, tu es déjà âgée, tu as sans doute le Don.

— Le Don ?

— Oui en général, les enfants nous voient avant l'âge de sept ans, après il faut avoir le Don pour voir « l'autre côté »

— L'autre côté ! C'est quoi ?

— C'est nous et bien d'autres choses encore. Si tu as le Don, tu le garderas toute ta vie et si tu travailles à le développer, tu verras et comprendras de plus en plus de choses.

Les yeux de Charlotte étincelaient.

— Penses-tu que je pourrais devenir une magicienne et avec une baguette faire tout ce que je voudrais ?

— Pourquoi pas, à condition de beaucoup travailler, car la magie ne s'apprend pas du jour au lendemain. Il faut du temps et de la persévérance, étudier les anciens grimoires, faire de nombreux exercices et maîtriser ses défauts, car jamais une sorcière digne de ce nom ne doit faire le mal. Elle doit s'engager à consacrer sa vie pour le bien de ses semblables et ne jamais succomber aux tentations de l'Ombre qui ne manqueront pas de l'assaillir.

— Si j'ai bien compris le Don et la baguette ne suffisent pas !

— Absolument, mais le Don est très important, ceux qui ne l'ont pas auront plus de difficultés et la plupart arrêteront leur apprentissage. L'école de la magie est semblable à n'importe quelle école, il y a des classes, sept années durant lesquelles tu passes d'un niveau à l'autre.

Vibrante d'émotion, Charlotte demanda :

— Et après ces sept années d'études, penses-tu que je pourrai guérir les gens et faire marcher ceux qui, comme moi, sont cloués sur un fauteuil ?

J'hésitai un instant. Je ne voulais pas enlever ses espoirs à Charlotte, mais je me devais de lui expliquer la réalité des choses.

— Rien n'est aussi simple. Même si tu as le pouvoir de guérir, tu ne pourras l'exercer qu'en accord avec les Forces Supérieures de l'Univers.

Tu ne pourras pas changer l'Ordre Cosmique.

— Alors à quoi cela sert-il d'étudier pendant tout ce temps si on ne peut pas s'en servir ensuite.

— Tu pourras t'en servir, mais dans la limite du destin de chacun.

Les yeux de Charlotte lançaient des éclairs.

— Alors pourquoi m'avoir fait croire que tu allais me guérir?

— Mais je vais te guérir. Tout d'abord je ne suis pas une sorcière mais une fée, j'ai un canal direct avec les Forces de l'Univers et celles-ci ne m'ont pas interdit de te guérir. Ton destin le permet et notre rencontre n'a pas eu lieu pour rien, je suis venue jusqu'à toi pour te guérir et te faire prendre conscience de ton Don. Mais après mon départ, ton destin sera entre tes mains et ce sera à toi de suivre ou non la voix de la magie, je n'aurai plus à intervenir dans ta vie.

Charlotte était gênée.

— Excuse-moi Friza, je me suis laissée emporter une fois de plus. L'école de la magie me fera sans doute le plus grand bien, mais je ne vois pas comment je pourrais y aller, mes parents ne voudront jamais que j'étudie dans une telle école.

— Ne t'inquiète pas, tout d'abord tu dois attendre quelques années, ensuite tu rencontreras, grâce au Don, les personnes qui pourront t'enseigner et cela sans aller dans une école particulière. L'apprentissage se fait au quotidien, des minutes, des heures, des jours de travail et de patience feront de toi une vraie magicienne.

Charlotte souriait.

— Tu seras fière de moi, je te promets de devenir une grande sorcière.

— Parfait maintenant je vais te guérir, mais il faut que tu saches que ton corps ne sera pas tout à fait comme avant.

Charlotte fronça son petit nez.

— Que veux-tu dire?

— Tu ne referas pas de danse. Tu resteras fragile, tu ne devras pas pratiquer de sports violents, tu seras souvent obligée de te reposer, mais tu marcheras à nouveau. Rien n'est le fruit du hasard et ton accident non plus, tu ne devais pas être danseuse, je ne peux pas t'en dire davantage.

Charlotte sourit.

— Ne t'inquiète pas, je serai tellement heureuse de marcher que je ferai très attention.

— Je l'espère petite fille, mes conseils sont très importants, tu ne dois jamais les oublier. Quelle que soit la force de ta volonté, tu ne DOIS pas reprendre la danse. Ce n'était pas ton destin et je ne peux te guérir qu'à cette condition. Si tu allais à l'encontre de mes conseils tu serais à nouveau paralysée.

— Je suivrai tes conseils, aussi difficiles soient-ils.

Le temps avait passé et la mère de Charlotte s'approcha de sa fille.

— Il est l'heure d'aller au lit, ma chérie.

Je vis la panique dans les yeux de Charlotte, elle m'interrogea du regard et je lui soufflai ce qu'il fallait répondre à sa mère.

— Non maman, accorde-moi encore un peu de temps, je me sens si bien, je t'appellerai dans un moment.

— Comme tu veux, mais demain tu ne te plaindras pas d'être fatiguée pour aller chez tante Agathe.

Charlotte soupira et sa mère se retira sans plus un mot.

— Maintenant Charlotte, détends-toi, ferme les yeux et respire calmement.

— J'ai un peu peur Friza.

— Ne crains rien, tout va bien se passer.

Pour la première fois de ma vie, j'allais aider un humain grâce à la magie des fées et mon cœur battait à tout rompre. Charlotte ne se doutait pas que la plus anxieuse des deux c'était moi. J'étais seule face au destin que j'avais voulu, sans la Fée Lumière, sans la fée Cristal et surtout sans les pirouettes que j'avais l'habitude de faire pour me tirer des situations difficiles.

Je pris une profonde inspiration et demandai à Charlotte d'approcher son fauteuil le plus possible de la fenêtre. Je sortis en la rassurant sur mon rapide retour et une fois dehors, je pris le temps de me mettre en méditation pour communiquer avec les Forces qui allaient m'aider à réaliser ma magie.

Lorsque je retournai auprès de Charlotte, munie de mon sac en toile d'araignée, la Force était avec moi. Je posai le sac sur les genoux de Charlotte, en sortis ma baguette d'améthyste au bout de laquelle brillait une étoile en diamant. Grâce à elle je commençai à étirer le sac afin qu'il recouvre la fillette.

Charlotte sursauta et ouvrit la bouche, mais je l'interrompis avant qu'elle prononce un mot.

— Surtout ne parle pas. Cette toile est très précieuse et tu ne risques rien.

Charlotte hocha la tête en signe d'approbation et je continuai mon travail. Rapidement son corps fut entièrement enrobé par la toile magique. Avec ma baguette je dessinai un cercle autour d'elle en récitant des incantations. Puis j'appuyai l'étoile en diamant sur ses centres d'énergie en décrivant à chaque fois une figure géométrique différente. Je déposai ensuite la baguette sur Charlotte de façon à ce que le diamant touche son cœur. Voletant au-dessus de la fillette, de la pointe de mes ailes qui brillaient de mille feux, je touchai sa jambe, de la cuisse jusqu'au pied. Je fis de même sur l'autre jambe, puis revins chercher ma baguette. La tenant fermement entre Charlotte et moi, je plongeai dans les yeux de l'enfant en émettant les sons magiques capables de détruire toutes ses entraves.

Je repris ma baguette pour reformer le sac. Une fois celui-ci reconstitué, je cherchai dans une petite poche une préparation à base de poussières d'étoiles, de bois de renne et de poudre de rubis. Je la déposai sur la langue de Charlotte en lui disant de l'avaler immédiatement.

À peine deux minutes du temps terrestre s'étaient écoulées, mais j'étais épuisée et je sortis rapidement pour me régénérer dans le « petit froid » qu'il faisait dehors.

De retour à l'intérieur, n'osant pas bouger et respirant tout doucement, Charlotte me regardait avec de grands yeux interrogateurs.

— Comment te sens-tu ?

47

— Bi… en, je crois !

Je souris pour détendre l'atmosphère.

Charlotte en fit autant.

— Tout ce que tu as fait était très impressionnant. Que va-t-il se passer maintenant ?

J'avalai ma salive. L'heure de vérité avait sonné pour moi, j'allais savoir si j'avais bien assimilé toutes les phases de mon initiation. Je pris une profonde inspiration avant de dire.

— Quitte ce fauteuil et marche normalement.

Incrédule Charlotte me regardait sans bouger.

J'étais au supplice.

— Essaye. Lève-toi doucement.

Charlotte hésita encore un instant, puis rejetant la couverture qui lui couvrait les jambes commença à les bouger tout en restant assise.

Un sourire se dessina sur ses lèvres roses.

— Ça fonctionne ! Je vais marcher !

— Doucement doucement, laisse à ton corps le temps de se réhabituer.

Lentement Charlotte se leva en s'appuyant sur l'accoudoir du fauteuil, elle avança un pied, ramena le deuxième à hauteur du premier, puis après s'être assurée d'une certaine stabilité, lâcha précautionneusement son fauteuil et marcha en se servant de ses bras pour maintenir son équilibre.

Toujours très lentement, elle fit le tour du fauteuil et quelques pas supplémentaires avant de se laisser tomber sur un canapé tout proche.

Affolée, je lui demandai :

— Ça ne va pas ?

— Si, tout va bien, je suis seulement un peu fatiguée, mais tellement heureuse ! Comment te remercier ?

— Tu n'as pas à me remercier, nous devions nous rencontrer et tu m'as beaucoup donné.

— Je ne t'ai rien donné !

— Oh si, mais ce serait trop long à t'expliquer.

Un silence s'installa entre nous, puis Charlotte demanda :

— Que vas-tu faire maintenant ? Vas-tu guérir d'autres enfants ?

— Pour être franche, je ne sais pas. Je vais me promener un peu dans Paris.

— Dans les rues ?

— Non dans les airs, bien évidemment. J'ai toujours voulu visiter cette ville, je vais faire un peu de « lèche-vitrines » en hauteur.

Charlotte rit.

— Tu es impayable.

— Impayable ?

— Oui, je veux dire formidable.

— Merci Charlotte, à présent je dois te quitter.

Je me penchai et déposai un baiser sur le bout de son nez.

— Au revoir Friza, je penserai chaque jour à toi.

— Moi aussi fillette, au revoir et bonne chance.

Sans perdre un instant, je quittai cette maison d'humains où j'avais connu ma première expérience de fée. Je n'étais plus Friza, la fée de glace boudeuse et bavarde mais une fée à part entière. Une chaude onde d'orgueil m'envahit, mais ma petite voix intérieure me rappela vite à l'ordre.

« Attention Friza, une petite expérience réussie ne fait pas de toi une grande fée ! »

Je poussai un profond soupir, en pensant que j'avais encore beaucoup à prouver. Je ne devais pas me laisser griser par le premier succès venu, sous peine de tomber dans les pièges de l'Ombre.

Heureuse, je volais enfin dans les rues de cette ville qui avait occupé la majeure partie de mes pensées durant tant d'années. Fascinée par les vitrines illuminées, je rêvais de découvrir les effluves qui se cachaient dans ces magnifiques flacons de parfum. Je tentais d'imaginer la saveur de ces montagnes de chocolat dont la fée Cristal m'avait parlé.

Mais comment découvrir tous ces plaisirs inconnus ?

Il devait bien y avoir un moyen, vu ma petite taille, pour pénétrer dans un de ces magasins où toutes ces merveilles s'amoncelaient.

Assise sur une de ces guirlandes aux ampoules clignotantes, je cherchai une idée, quand soudain un énorme bruit suivi d'une sirène hurlante me fit sursauter et perdre l'équilibre. D'un coup d'ailes, je retrouvai une position digne et vis une bande de jeunes gens à l'allure bizarre sur un des côtés du magasin. Enjambant d'innombrables morceaux de verre, ils rentraient à l'intérieur en courant, essayant de mettre dans des sacs le plus d'objets possible, saccageant les autres sur leur passage.

Faisant appel aux images vues durant mon initiation, il ne me fallut pas longtemps pour comprendre que j'assistais à un cambriolage.

J'étais horrifiée ! Comment ces jeunes gens pouvaient-ils prendre plaisir à saccager un si bel endroit ?

Je me devais d'intervenir !

Mais comment me faire entendre au milieu de cette cacophonie d'alarmes, de rires et d'imprécations en tous genres ?

En quelques minutes tout fut terminé. Les jeunes chargés de leur butin sautèrent dans une voiture qui les attendait et démarrèrent à toute vitesse, me laissant perplexe au milieu des décombres.

D'un flacon de parfum renversé sur le carrelage, montait une senteur qui faillit me faire chavirer de plaisir. Un court instant, enivrée par cette fragrance, j'oubliai le cambriolage, les jeunes, ma mission, le Père Noël, en un mot tout ce qui n'était pas ce parfum !

La sirène d'une voiture de police me fit reprendre conscience et avec la rapidité d'un éclair, je filai à la poursuite des voleurs.

Enfin c'est ce que je pensais !

Malgré l'heure tardive, je me retrouvai au-dessus d'une foule de voitures qui pour moi paraissaient toutes semblables et un vent de panique s'empara de moi. Il fallait absolument que je me concentre sur la voiture des cambrioleurs et ceci sans cesser de voler. Une gageure pour moi !

Dans une profonde inspiration, je fis appel à mes nouveaux pouvoirs et projetant ma conscience sur la voiture des cambrioleurs, je la retrouvai rapidement au milieu des autres.

Surprise de ma réussite, je souris tout en suivant le véhicule. Il roulait vite, se faufilant entre les autres voitures de façon peu scrupuleuse.

Le trajet me parut interminable et les ailes endolories, je me posai enfin sur un muret non loin de la voiture qui venait de s'arrêter. Les cambrioleurs en sortirent, apparemment très satisfaits de leur soirée de Noël.

Nous étions loin des lumières et des beaux quartiers parisiens. Sans ressembler au terrain vague de notre atterrissage, cet endroit n'était guère plaisant. De grands bâtiments aux multiples fenêtres étaient tristement alignés, de nombreuses voitures souvent endommagées stationnaient au bas de ces immeubles. Mais le pire était leur état de délabrement. D'affreux dessins recouvrant les murs, des portes aux vitres cassées, des papiers et objets divers qui traînaient dans les entrées donnaient à cet endroit une indicible tristesse qui me submergea soudain, me faisant ressentir pour la première fois de ma vie les ondes des Forces Négatives.

Après ce tour d'horizon peu réjouissant, mon regard se posa à nouveau sur les jeunes que j'avais suivis jusqu'ici. Avec beaucoup de discrétion, ils déballaient en prenant un air dégagé le butin empilé dans des sacs à provisions et des cartons comme s'il s'agissait de simples emplettes.

Je décidai de les suivre et m'envolai vers eux. Me souvenant des difficultés que j'avais eues pour que Charlotte puisse me voir, je ne pris aucune précaution et me posai simplement sur un carton afin d'être aux premières loges. Le chemin ne fut pas long, on entra dans un de ces bâtiments dont la vitre d'entrée était brisée, on se faufila entre les boîtes aux lettres cassées et les poubelles renversées et après une deuxième porte on se dirigea dans un sombre couloir menant à un dédale de caves.

Tout au bout, après une porte solidement cadenassée, on pénétra dans une pièce sombre où une légère panique s'empara de moi. Une fois une petite lumière allumée, je pus constater que ce local, bien qu'abandonné, semblait avoir trouvé une seconde vie.

Un peu partout des cartons de toutes sortes étaient empilés, des petits matelas en mousse recouvraient le sol poussiéreux, une vieille table bancale supportait un petit réchaud. Les jeunes posèrent leur butin dans le peu d'espace encore disponible et épuisés se laissèrent tomber sur les matelas. Puis ils se regardèrent en éclatant de rire visiblement satisfaits de leur soirée, chose totalement inconcevable pour moi.

Voulant comprendre cette situation, je décidai de les observer, ce qui dans la précipitation n'avait guère été possible.

Ils étaient trois, deux garçons et une fille. Les garçons devaient avoir entre dix-huit et vingt ans, mais la fille était beaucoup plus jeune.

Elle était fine et très jolie malgré des cheveux extrêmement courts. De grands yeux un peu tristes illuminaient un visage au teint mat. Ses longues mains qui s'agitaient nerveusement étaient couvertes de bagues ornées de serpents et de têtes de mort et sur ses bras de fraîches cicatrices de coupure ne manquèrent pas de m'interpeller.

Les garçons habillés de pantalons trop grands, de pulls déformés et sales étaient mal peignés et sur leur visage des clous, des pointes et des carrés de métal s'enfonçaient dans leurs lèvres, leur nez et leurs sourcils.

Qu'aurait pensé la fée Cristal d'un tel accoutrement?

Des tribus d'Afrique ou d'Amazonie portaient effectivement ce genre de « décorations » sur leur visage après des cérémonies initiatiques compliquées, mais ces jeunes Parisiens, qu'avaient-ils à voir avec ces tribus?

Je me sentais un peu perdue et je pris quelques minutes pour méditer et retrouver les visions de mon initiation concernant ce surprenant XXIe siècle.

Les images revinrent à ma mémoire et je compris soudain.

Ouvrant les yeux, la réalité me frappa de plein fouet en voyant un des garçons préparer une poudre blanche dans une petite cuillère et la faire chauffer au-dessus de la flamme du réchaud.

« Non! Vous ne pouvez pas faire cela, vous ne devez pas gâcher votre vie. »

Volant désespérément vers la cuillère, je tentai de la renverser mais trop émue, je n'arrivai à rien et je vis bientôt les jeunes s'injecter ce produit mortel dans les veines sans avoir pu intervenir.

J'étais particulièrement touchée par la fragilité de la jeune fille et je sentais confusément que ma nouvelle mission la concernerait.

Un des garçons lui avait fait sa piqûre, ce qui me fit penser qu'elle ne devait pas avoir l'habitude. Allongée sur un des matelas, elle semblait totalement absente et j'entendis celui qui venait de la piquer lui demander.

— Ça va Zaya? Tu planes déjà?

« Tu planes déjà ! Avait-il la moindre idée de la réalité de cette phrase ? »

Je me devais d'intervenir et pour cela je commençai à voler autour de Zaya pour entrer en contact avec elle. Je décidai de me poser sur ses genoux et de procéder comme avec Charlotte. Je voulais capter son regard, mais celui-ci était fuyant, cherchant à voir quelque chose d'autre que le triste décor qui l'entourait. Tout à coup sa respiration s'accéléra, elle se mit à transpirer, à trembler et se releva soudain en poussant un cri.

Ses copains, à présent complètement défoncés, ne firent même pas attention à elle et ne pouvant accrocher son regard, je cherchai à comprendre ce qui avait pu provoquer ce cri.

C'est alors que je vis, non loin du matelas dans un recoin de la pièce, une forme noir qui grandissait au fur et à mesure et s'approchait de nous.

Un vent de panique s'empara de moi. Il n'y avait aucun doute à avoir, cette forme faisait partie des Forces de l'Ombre et j'allais de toute évidence devoir livrer mon premier combat.

En serais-je capable ?…

Je maîtrisai un début de tremblement et me concentrai sur l'ombre qui se matérialisait petit à petit.

Une créature d'environ soixante centimètres de haut avançait inexorablement vers nous. Maigre, couverte de pustules, des mains et des pieds décharnés se terminant par de longues griffes. Sur son visage scrofuleux d'une couleur verdâtre ressortaient deux yeux rouges d'où émanait la plus intolérable méchanceté.

Tout en me regardant, un ricanement strident sortit de ses lèvres pincées.

— Une fée de… glace… ici ! Il est vrai que c'est Noël et j'ai droit moi aussi à un dessert de choix. Hi, hi, hi !

J'étais tétanisée, mais devais absolument me ressaisir avant de finir dans le ventre de cet avorton.

Rassemblant toute mon énergie, je fis appel à la Force et en quelques secondes je fus remplie de son onde bienfaisante. Mais je savais que je ne devais pas me contenter de cette plénitude, il fallait à présent que je dirige la Force pour lutter contre le Mal qui nous mena-çait, Zaya et moi.

Inspirant profondément, je joignis mes ailes et dirigeai l'onde de la Force dans leurs pointes acérées pour la lancer vers l'horrible créature.

À ma grande stupéfaction, un faisceau d'un bleu métallique jaillit de moi et propulsa notre ennemi à terre.

Je sautai au-dessus des cartons pour préparer une seconde attaque qui fut encore plus forte que la première. Avant que la chose réagisse, j'avais sauté sur les genoux de Zaya.

Elle voyait le monstre se tordre par terre, mais malgré toute l'agitation que je déployais, je restais invisible à ses yeux.

N'y tenant plus et sachant le danger loin d'être écarté, je donnai une très légère décharge d'onde à Zaya dans l'espoir de la faire réagir. Elle sursauta et chercha d'où pouvait venir ce choc. Dans un superbe saut périlleux, j'avais atterri sur ses cheveux et la tête en bas je m'agitai devant ses yeux.

Me voyant enfin, elle cligna puis écarquilla les yeux, je me remis dans une position normale et soupirai.

— Ouh! Je n'y croyais plus. Puisque tu me vois, il n'y a pas de temps à perdre, il faut partir d'ici au plus vite.

— Mais... Je... Qui t'es et qui est ce monstre? J'crois que j'deviens folle.

— Non point, puisses-tu surtout éviter tout énervement.

— Quoi? J'comprends rien!

— Ah!... Excuse-moi les événements ont perturbé mon langage, si le Père Noël était là, il se moquerait encore de moi.

Zaya eut un petit rire idiot.

— Le Père Noël? Le monstre! La fée! J'fais un drôle de trip. J'suis pas chébran.

— Ché... quoi? Alors là, c'est moi qui suis perdue!

Zaya éclata de rire, laissant transparaître la fraîcheur de sa jeunesse.

— J'préfère toi à l'autre affreux, t'es plus marrante, t'es un meilleur kif.

Je soupirai profondément, comprenant que j'allais avoir beaucoup de mal à persuader Zaya de ma réalité.

— Écoute, je ne comprends pas tout ce que tu me dis, mais ce n'est pas grave. Par contre tu vas devoir m'écouter attentivement.

— Tout ce que tu vois est bien réel. Le poison que ton copain t'a injecté dans les veines t'a fait entrevoir la face négative de l'autre monde. J'ai eu énormément de mal à capter ton attention, car je ne suis pas sur la même longueur d'onde que ce monstre mais…

Ma phrase resta en suspens. Une ombre noire et une odeur pestilentielle se répandaient sur nous et totalement horrifiée, je vis une langue gigantesque sortir de la chose que j'avais cru avoir anéantie et qui se dressait non loin de nous.

— Sauve-toi vite, criai-je en direction de Zaya qui hélas était figée sur place.

Le monstre en profita pour m'interpeller.

— Tu crois pouvoir lutter avec moi, fée de glace? Je peux te faire fondre en une minute dans d'atroces souffrances.

— Que tu crois avorton, je n'ai pas peur de toi. Je peux te détruire grâce à mes pouvoirs. Tu ne peux imaginer qui je suis.

À peine avais-je formulé ma phrase, que je me rendis compte de mon erreur. J'avais une fois de plus fait preuve d'orgueil ce qui allait affaiblir mes défenses.

La chaleur que répandait ce monstre devint bientôt insoutenable pour moi, son odeur me fit vomir et je trouvai à peine la force de m'enfuir.

J'étais passée par un minuscule soupirail et me retrouvai à l'air libre, avec un terrible sentiment de culpabilité. Une fois encore mon orgueil m'avait desservi et j'avais abandonné Zaya.

Prenant conscience du changement que je devais opérer en moi pour vaincre le Mal, pour la première fois de ma vie des larmes coulèrent de mes yeux. Du fond de mon désespoir, je levai des yeux suppliants vers les étoiles et implorai l'aide de la Mère.

Une terrible vibration déchira l'atmosphère, zébrant le ciel de traînées lumineuses. La Force pénétra le sommet de ma tête, se faufila le long de ma colonne vertébrale et fouilla chaque recoin pour le purifier.

Le choc fut terrible, je tombai à genoux, les ailes écartées, terrassée sous les ondes purificatrices.

Lorsque l'énergie se retira, bien que pantelante, j'étais nettoyée dans les plus infimes parties de mon être. La leçon avait été dure, la Force désormais était logée au fond de mon cœur et plus jamais je ne faillirai. En me relevant, j'étais prête à partir immédiatement au combat.

Je rentrai par le soupirail d'où je m'étais échappée pour assister à un horrible spectacle. Zaya gisait sur le sol, recroquevillée sur elle-même, livide, tremblante, le souffle court.

L'affreuse créature enserrait sa taille avec sa langue à la manière d'un boa et lui grattait nonchalamment le ventre à l'aide d'une de ses griffes provoquant chez la jeune fille de terribles douleurs abdominales.

Forte et déterminée, ayant rassemblé toutes mes énergies, je sautai sur le corps du monstre et d'un revers d'aile glacé lui entaillait le dos. Dans un couinement sinistre, il se redressa violemment et me regarda l'air incrédule avant de m'apostropher.

— Comment oses-tu t'attaquer à moi ? Je vais te réduire en cendres.

Si l'orgueil avait violemment été expulsé de moi, je devais encore apprendre à maîtriser parfaitement la Force pour l'utiliser dans toute sa puissance et sa justesse. Je me retournai, faisant face à mon ennemi et en silence je lui envoyai une onde qui lui fit desserrer l'étau de sa langue, procurant à Zaya un instant de répit dont elle profita pour ramper un peu plus loin.

Se désintéressant momentanément de sa victime, il me dévisagea et en ricanant demanda :

— C'est tout ce que tu sais faire, je croyais que tu étais douée de tous les pouvoirs.

Je souris sans dire un mot, me concentrant sur ma prochaine attaque.

— Viens ridicule ver luisant, viens te mesurer à moi, j'ai très envie de m'amuser un peu.

Je reculai légèrement, tournai sur moi-même et d'un battement d'ailes lui décochai une terrible flèche magnétique qui le mit à genoux.

Il se releva en secouant sa tête hideuse et se mit à applaudir.

— Mais le ver de terre est doué. Tiens, prends ça !

Et joignant le geste à la parole, il lança sa langue de feu pour m'attraper. Une formidable pirouette me permit d'échapper à la brûlante morsure. De nouveau sur mes pieds, je lui lançai une boule d'énergie qui lui fit mordre la poussière.

Toujours muette, je m'installai sur le plus haut des cartons et attendis.

Il se releva péniblement et ses yeux me lancèrent des éclairs que j'évitai promptement

— Grrrr! Tu vas me payer cet affront.

Enhardie par mes succès, je me mis à tournoyer au-dessus de lui en formant des cercles de plus en plus rapprochés, avant de piquer droit sur lui des deux ailes. Cette fois, je lui entaillai le dos plus profondément de chaque côté de l'échine.

Il hurla, se ramassa sur lui-même et cracha une gerbe de feu dans ma direction sans m'atteindre. Exaspéré au plus haut point, il ne me laissa plus une seconde de répit.

Je volai, sautai, pirouettai pour éviter le feu qu'il déchaînait sur moi.

Zaya, toujours recroquevillée dans un angle, tremblait de plus en plus. Il fallait la sortir de cet enfer. Pour cela je n'avais pas le choix, je devais faire appel à la Magie suprême et me transformer en humain afin de l'aider à franchir la porte du local.

Se transformer en humain même pour un temps très court demandait un gros apport d'énergie, la préparation d'une potion magique, du calme et de la concentration! Des éléments difficiles à obtenir au sein d'une bataille, mais je n'avais pas le choix, le sort de Zaya était entre mes mains.

Je lançai un ultime assaut et projetai un souffle de glace en direction de mon adversaire. Le choc fut terrible, le froid glacial le déstabilisa et, couvert de givre, il s'écroula sur le sol. Je savais que mon répit serait de courte durée, je volai en haut d'une pile de carton et me dissimulai derrière pour me concentrer. Prenant mon sac en toile d'araignée, je cherchai la fiole contenant la poudre de cristal, y ajoutai un soupçon d'ambre pilé, un voile d'arc-en-ciel et de l'arôme de Vénus. Maintenant il me manquait l'essentiel pour terminer la potion, du sang humain, le sang de Zaya!

Je devais profiter de mon court avantage et rester vigilante car bien qu'à terre, le monstre n'avait pas perdu connaissance. Il pouvait à tout instant me repérer et nous attaquer. Si l'opération était risquée, le temps n'était pas aux hésitations et je devais faire vite. Je glissai le long du carton, rampai derrière un tuyau contre lequel Zaya était appuyée et une fois à sa hauteur, j'appelai la jeune fille sans me faire remarquer.

— Zaya, ne te retourne pas ! Écoute simplement et calmement ce que je vais te dire.

Zaya hocha la tête en signe d'approbation.

— Nous allons nous enfuir, pour cela je dois procéder à une opération magique et j'ai besoin de ton aide.

Elle hocha à nouveau la tête.

— Je t'explique ce que je vais faire, mais quoi que tu entendes, tu ne dois pas réagir. Je vais prélever un peu de ton sang avec la pointe de mon aile, puis je repartirai me cacher pour me transformer en une jeune fille comme toi et je te soutiendrai pour nous enfuir. Tout devra se dérouler très vite, car je ne garderai la forme humaine que très peu de temps.

Je m'approchai plus près de la jeune fille, mis un doigt sur mes lèvres pour lui ordonner le silence et sans lui laisser le temps de réagir, prélevai un peu de son sang grâce à une petite entaille faite sur son bras.

Très heureuse du stoïcisme de la jeune fille, je regagnai ma cachette en toute hâte en prenant bien soin du sang de Zaya sur le bout de mon aile.

De retour derrière mon carton protecteur, je déposai délicatement le sang dans le reste de la préparation et mélangeai tous les ingrédients en récitant les formules appropriées. Cette première et essentielle opération terminée, j'étalai le sac en toile d'araignée et m'assis en son centre.

J'avalai la potion et m'enveloppai rapidement dans la toile d'araignée avant d'entrer en méditation.

Les effets ne tardèrent pas à se faire sentir. Mes os, mes muscles et ma peau se distendirent et je maintins ma concentration pour ne pas hurler tant le choc était violent. Soudain, tout alla très vite, un bruit sourd me fit ouvrir les yeux, je vis les cartons renversés et leur contenu éparpillé, j'entendis Zaya crier et vis le monstre commencer à se dégeler.

Prenant conscience que j'étais aussi grande que Zaya et que ma transformation avait renversé les cartons, je poussai celui qui m'entravait encore et attrapant la jeune fille au passage, fonçai vers la porte du local avant que la créature ait eu le temps de réagir.

Une course folle qui sembla profitable à Zaya nous conduisit loin des caves. Arrivées dans l'entrée de l'immeuble, nous heurtâmes une dame qui demanda à Zaya :

— Zaya, ma fille, ouh, ouh que fais-tu ici à une heure pareille ? Ta mère va encore s'inquiéter, tu devrais être plus raisonnable !

Je ne doutais pas que la mère de Zaya soit inquiète, mais pour l'instant mon souci principal concernait mon apparence humaine. Je risquais de redevenir une fée en présence de cette brave femme si nous n'arrivions pas à nous en débarrasser rapidement et j'intervins en ce sens.

— Faites excuses, Madame, mais c'est moi qui ai sollicité l'aide de Zaya suite à un problème…

Zaya m'interrompit :

— Oui c'est ça m'dame Fernandez, c'est ma copine qu'est pas bien, alors j'ai pas voulu la laisser béton, mais là on doit s'tirer alors soir m'dame.

J'étais médusée. Je n'avais compris ni l'intervention de Zaya, ni son langage, mais je lui emboîtai le pas, attendant d'être dehors pour lui demander des explications.

— Pourquoi m'as-tu interrompue, j'allais donner une explication très plausible à cette dame, sois-en certaine.

Zaya éclata de rire.

— Ben oui, j'en doute pas, mais c'est que partie comme t'étais, je sais pas trop si elle aurait compris.

— Pourquoi elle semble comprendre le français ?

— Euh ouais, mais ton français y a pas beaucoup de gens qui vont le comprendre par ici.

Une fois encore, je réalisai que j'avais dû involontairement employer un langage trop académique et je souris avant d'ajouter :

— Ne t'inquiète pas, je ne risque pas de faire la conversation à beaucoup de gens. Je vais reprendre mon apparence réelle et à part toi, personne ne me remarquera. À ce propos, il faudrait que nous trouvions un endroit tranquille pour ma transformation.

— Je sais, c'est pour cela que j'ai viré la mère Fernandez, en plus je me sens pas bien, je crois qu'je vais dégueuler.

— La mère Fernandez? Tu as un lien de parenté avec cette dame?

Zaya rit de plus belle.

— T'es impayable toi!

— C'est la deuxième fois qu'on me le dit aujourd'hui.

— Ah, t'a parlé à quelqu'un d'autre que moi?

— Oui, je te raconterai, mais pour l'instant tirons-nous d'ici. C'est bon comme langage?

— Ouais, ça va.

Hélas nous ne fîmes que quelques mètres avant que Zaya tombe à genoux et se mette à vomir sur le trottoir. Son corps était secoué par de violents spasmes et ses mains tremblaient à nouveau.

J'étais désolée pour elle et lui dis doucement:

— Zaya, essaye de te relever et appuie-toi sur moi. Je ne peux pas t'aider tant que je n'ai pas retrouvé ma forme originelle, nous devons nous éloigner de la rue!

Zaya essaya de se redresser, tituba, toussa puis finalement parvint à tenir debout grâce à mon aide. Elle m'indiqua la direction à suivre et je me retrouvai dans un lieu qui ressemblait beaucoup à celui où le Père Noël avait laissé ses rennes. Je ne pus m'empêcher de poser la question à Zaya.

— Peux-tu me dire à quoi sert ce genre d'endroit?

— Ben ça c'est un parking, mais les gens s'en servent pas vraiment, ils préfèrent laisser leurs bagnoles sous leurs fenêtres pour pas qu'on leur pique.

— Ah! C'est spécial chez toi! Il y a une certaine ambiance apparemment!

— Ouais, une certaine ambiance et encore t'as rien vu, le 31 décembre on met le feu aux bagnoles pour faire chier les keufs.

Je ne comprenais pas vraiment, mais je sentais que tout cela n'était pas sain et je le dis à Zaya:

— Sans les comprendre vraiment, je ressens beaucoup d'amertume et de violence dans tes paroles, j'aimerais que tu me parles de ta vie quand j'aurai repris ma forme naturelle.

60

— Si tu veux, répondit-elle en haussant les épaules.

— Oui je le veux, je suis très curieuse de nature et je crois que ce défaut a ses qualités, il permet de vouloir connaître et comprendre, mais pour l'instant je vais m'isoler derrière ce poteau et redevenir une fée.

Zaya sourit mélancoliquement.

— J'crois que j'délire grave, je vais me réveiller de ce trip, tout cela est trop mortel.

— Arrête un peu, sache que tu ne rêves pas. Mes pouvoirs sont amoindris dans cette forme humaine, je ne comprends pas tout ce que tu me racontes mais dans quelques minutes, nous pourrons reprendre cette conversation.

Zaya hocha la tête sans paraître vraiment convaincue et se laissa glisser le long d'un mur en soupirant. J'en profitai pour m'éclipser et reprendre mon véritable aspect ainsi que tous mes pouvoirs.

Une fois cette opération accomplie, je rejoignis Zaya. Ses vomissements ayant repris, je fus bouleversée de la voir souffrir ainsi et l'interpellai en voletant devant son visage.

— Coucou Zaya, c'est moi.

Elle ouvrit les yeux et me regarda d'un air étonné.

— T'es de nouveau petite, mais t'es toujours là !

— Eh oui, je suis toujours là. Ne t'avais-je pas dit que j'étais réelle ?

— Pouh, ce trip finira donc jamais, je veux pas r'voir l'autre affreux, j'ai eu trop peur.

Zaya se mit à sangloter en essayant de se lever pour s'enfuir.

— Attends et écoute-moi. Tu n'as plus rien à craindre du monstre qui était dans la cave et moi je ne te veux aucun mal. Au contraire si je suis apparue à tes yeux c'est uniquement pour t'aider.

Zaya me lança un regard incrédule et dit :

— Pour m'aider ? Mais t'es qui toi ?

Je soupirai avant d'ajouter :

— Écoute, je pense qu'il faudrait en tout premier lieu trouver un endroit un peu plus sympa pour discuter. Tu dois t'allonger, te reposer et je pourrai guérir les blessures de ton aura.

— Mon aura ! J'deviens barge moi, jamais plus j'prendrai d'la came.

— Parfait, c'est une excellente idée, mais nous devons l'étoffer, je dois te donner bon nombre d'explications. Allons chez toi. Tu habites bien quelque part?

— Ouais, dans la tour là-bas.

— Parfait, allons-y sans tarder.

— Pourquoi?

— Parce que les explications, tu les auras une fois que nous serons chez toi.

— Ben j'espère que ma mère dort, parce que les expliques c'est moi qui va devoir les donner!

Comme d'habitude, je soupirai.

— Oh quelle vilaine façon de t'exprimer! La mienne est peut-être un peu désuète, comme dirait le Père Noël, mais plus harmonieuse.

Zaya gloussa.

— Le Père Noël… La fée, c'est Disneyland

Je réfléchis rapidement et m'exclamai.

— Disneyland, ah oui la fée clochette, c'est cela? On m'en a parlé. Tu vois je connais pas mal de choses de ton monde. Je suis réelle Zaya! C'est moi qui t'ai fait sortir de la cave. As-tu déjà oublié?

Zaya se gratta la tête.

— Non j'ai pas oublié, mais j'arrive pas à comprendre, c'est pas clair dans ma tête tout ça.

— Ne t'inquiète pas, rentrons et tout deviendra clair.

Zaya se leva en soupirant de plus belle et commença à avancer d'un pas mal assuré. Je l'accompagnais en volant à ses côtés et en l'encourageant.

Au bout de quelques mètres, elle tourna son joli visage vers moi et dit:

— Tu vas faire sensation dans la tour, les copines elles vont être maf.

— Rien à craindre, je n'apparais pas à tout le monde. Aujourd'hui c'est toi qui me vois et personne d'autre, c'est ainsi!

Zaya sourit.

— Tu veux dire que t'es là rien que pour moi!

Je souris à mon tour.

— En quelque sorte, je t'expliquerai tout cela.

— OK, on arrive. Voilà la tour infernale!

J'ouvrai de grands yeux en franchissant la porte et demandai :
— La tour infernale ? Cette tour appartient au monde des enfers ?
Comment cela est-il possible ?
Zaya éclata d'un rire juvénile qui me fit plaisir et m'expliqua.
— C'est une façon de dire, mais c'est pas faux, c'est un peu l'enfer
cette cité, j'voudrais tellement me barrer. Bon, faisons pas de bruit,
j'veux pas réveiller pas mère, ça serait trop galère.
— Pour ce qui est de la discrétion, tu peux compter sur moi. Ni
vue, ni entendue.
Zaya pouffa dans sa main en ouvrant délicatement la porte de l'appartement.
J'en profitai pour jeter un coup d'œil autour de moi et le spectacle
que je vis ne me plut guère. Les murs sales étaient couverts d'inscrip-
tions qui, bien qu'indéchiffrables pour moi, me donnaient une sensation
de malaise et de nombreux papiers traînaient par terre.
Ma deuxième mission s'annonçait difficile, mais je sus intuitivement que j'allais pouvoir aider Zaya au-delà de ce qu'elle pouvait
imaginer.
L'appartement de la jeune fille n'avait rien de commun avec celui
dans lequel vivait Charlotte. D'une grande simplicité, le mobilier sobre et
fonctionnel n'était pas luxueux, mais de nombreux bibelots, que je quali-
fiais de suite d'exotiques mettaient une ambiance chaleureuse. Une
parfaite propreté régnait dans le séjour où flottait un délicieux parfum
d'encens. Une fois dans la chambre de Zaya, je fus choquée par la différence de style. Un immense désordre envahissait toute la pièce, le lit défait
était recouvert de vêtements, de magazines, de CD, sur la petite table qui
servait de bureau s'entassaient des livres abîmés et tachés au milieu de
restes de nourriture. La pièce sentait le renfermé et un sentiment d'op-
pression m'envahissant, je ne pus m'empêcher d'interpeller Zaya.
— Comment peux-tu vivre dans un pareil capharnaüm ? Ne ranges-
tu jamais ta chambre ?
Zaya me foudroya du regard avant d'ajouter :
— Tu vas t'y mettre toi aussi. Ma mère me pourrit déjà assez la vie,
elle arrête pas de me « gueuler » dessus pour que je range. Mais c'est
mon univers et j'vis comme j'veux.

Je fronçai les sourcils.

— Je crois que nous allons avoir une grande conversation toutes les deux. Et ensuite pas mal de travail à faire.

— Oh, mais j't'ai rien demandé moi, lâche-moi un peu, j'vis comme j'veux !

— Oui cela tu me l'as déjà dit. Mais vois-tu je ne suis pas d'accord et vu ce que j'ai affronté pour te sauver, je pense que j'ai mon mot à dire et tu vas m'écouter.

J'avais dit ces paroles avec une telle fermeté que Zaya en resta bouche bée. Je lui demandai de s'asseoir et après avoir jeté par terre une partie de ce qui encombrait son lit, elle s'affala dessus.

À hauteur de son visage, je m'installai confortablement sur un coussin. Après avoir consciencieusement lissé mes ailes, je croisai mes jambes et regardai Zaya qui se retenait pour ne pas rire.

— Puis-je savoir ce qu'il y a de drôle ?

— Ben toi, ta façon de te pomponner, t'es marrante, tu lisses tes ailes un peu comme une meuf se maquillerait quoi !

— Une meuf ? Puis-je savoir ce que c'est.

— Ben une fille quoi !

— Ah ! Je vois. Par contre je comprends assez mal la différence de langage qu'il peut y avoir entre toi et Charlotte, étant donné que vous vivez à la même époque et au même endroit.

— C'est qui Charlotte ?

— Une petite fille dont je me suis occupée avant toi.

— Ah ouais, t'as déjà aidé quelqu'un ici dans la cité ?

— Non pas ici, dans le centre de Paris, dans une grande avenue, tout près de l'endroit où tes copains et toi avez fait le cambriolage.

Zaya s'empourpra avant de répondre agressivement.

— Le 16e t'appelles ça le même endroit et la même époque, mais ta Charlotte et moi on est à des années-lumière.

J'affichai une moue dubitative et affirmai :

— Je ne crois pas.

Zaya ouvrit la bouche pour me contredire, mais je l'empêchai de continuer.

— Vous ne vivez pas dans le même décor, je te le concède, mais Charlotte avait des problèmes comme toi tu en as.

Zaya ricana.

— Ben voyons, j'vois pas c'qu'une petite bourge peut avoir comme problèmes à part dépenser le fric de ses vieux.

Je soupirai en essayant de décrypter pour le mieux le langage de Zaya.

— Si je te comprends bien, tu estimes qu'une petite fille riche est forcément heureuse, dépensière et dépourvue de soucis.

— Ouais et t'arriveras pas à me faire croire le contraire.

— À ta place je ne parierais pas. Tu vis dans ton univers et tout ce que tu crois savoir du monde en dehors de ta cité est illusoire. Ce sont tes copains qui t'ont donné cette fausse image ?

— Mais qu'est-ce que tu crois, que j'suis débile, que je vois pas la télé, que j'regarde pas les infos. Le monde est pourri petite fée, faut te réveiller, c'est la guerre, faut se battre, on n'a rien gratuit nous ici.

Je ne pus m'empêcher d'intervenir en ironisant.

— Ah bon, en volant pourtant c'est gratuit !

Zaya m'envoya un regard noir avant d'ajouter :

— T'es bonne pour enfoncer les autres, toi. C'est facile quand on connaît rien, quand on est une fée ! Pfft !

Bien décidée à ne pas me laisser faire, je repris la parole.

— Je n'enfonce personne et sache que je connais peut-être plus de choses que toi. Tu ne peux même pas imaginer la détermination dont j'ai dû faire preuve pour venir jusqu'ici. Pour une fée de glace, il n'est pas aisé de vivre dans votre monde, je dois constamment faire un travail sur moi si je veux survivre et mener à bien ma mission.

— T'as une mission ? Raconte !

— Non, cela ne te regarde pas. Il y a des choses dont je peux te parler et d'autres qu'il me faut garder secrètes.

Zaya fit la moue et se mit à fredonner un petit air en disant :

— Ouais, mission impossible ! En fait t'es comme les autres, tu crois qu'on est trop nul pour comprendre.

— Absolument pas, mais un secret est un secret et certains ne doivent jamais être dévoilés, c'est ainsi.

Zaya ne put s'empêcher d'insister.

— Qu'est-ce que tu crois, je sais garder un secret, j'cause pas partout, vu mes activités !

J'acquiesçai avec un sourire ironique.

— Ah justement parlons-en de tes activités, à ta place je me garderai d'en être fière. Crois-tu qu'il soit correct de prendre le bien d'autrui ? De le saccager comme je vous ai vus le faire dans ce magasin ?

Zaya essaya de me couper la parole, mais je continuai sur ma lancée.

— Sache petite écervelée, qu'aucun monde ne vit dans le chaos, les lois de la Nature ou les lois Divine, peu importe le nom que tu leur donnes sont éternelles et immuables. Le beau mérite d'être respecté, on doit tenter de s'en approcher et non pas le détruire sous peine de se retrouver confrontée au genre de monstre que tu as vu dans la cave !

Je compris que mon argument avait fait mouche, le souvenir de cet odieux personnage fit frémir Zaya. Néanmoins elle se rebiffa et dit violemment :

— Tes discours sont chouettes, mais t'es un peu ici en touriste c'est pas pareil de vivre notre vie au quotidien. Comment tu veux qu'on s'approche du beau quand on a pas de fric ? Le luxe coûte très cher, nous ici on est condamné au moche, on peut pas s'en sortir, on n'a pas l'choix. Tu piges ?

Ma réponse fusa.

— Non je pige pas. Tes arguments ne sont pas valables, le beau n'est pas forcément luxueux. L'appartement dans lequel tu vis est joliment décoré et propre. Ta maman en a fait un nid douillet sans posséder une fortune. Ta chambre par contre est sale, désordonnée et laide à l'image de ton mental.

Zaya me lança un regard furieux mais je continuai :

— Change ta façon de penser, pose un regard différent sur le monde, souris à la vie et la vie te sourira. Regarde où t'a conduit ton état d'esprit actuel. Il ne t'a apporté que tristesse et rancune, c'est-à-dire rien de constructif.

Zaya haussa les épaules. Je poursuivis de plus belle.

— Glisser dans la drogue est-il un acte constructif ?

Zaya s'écria :

— C'est pour oublier, pour échapper à cette vie pourav, pour sortir de ce trou, et pis c'était la première fois.

Je souris.

— Que tu veuilles changer de vie est tout à fait louable, ce qui l'est moins ce sont les moyens que tu prends pour la changer. En fait tu ne changes rien, tu t'enfonces davantage dans une spirale infernale d'où tu ne pourras rapidement plus t'échapper.

Agressivement Zaya me demanda :

— T'as peut-être une autre idée, miss la fée ?

— Peut-être ? Les idées ne me manquent pas, encore faut-il que tu veuilles les écouter et les mettre en pratique.

Je fixai intensément Zaya et je sentis progressivement fondre ses défenses. Elle soupira et me demanda :

— Alors c'est quoi ton plan ?

Je me grattai discrètement la nuque, signe chez moi d'une grande concentration avant de dire :

— Comme tu me l'as si justement fait remarquer, je suis ici en touriste. Et pour pouvoir élaborer un plan qui soit viable, j'ai besoin de quelques précisions sur le genre de vie que tu mènes quotidiennement. Je veux dire lorsque tu ne cambrioles pas tes semblables !

— Ouais, bref t'as pas de plan, pas d'idées, t'es comme tout le monde sauf que t'es minuscule et que je suis la seule à te voir.

— Dis-moi jeune fille, si une chose est certaine c'est que tu as la mémoire courte. Je suis sans doute d'une taille très inférieure à celle des humains, mais cela ne m'a pas empêchée de te sauver des griffes du monstre. Vais-je devoir constamment te rappeler cet épisode ? Où peut-être as-tu envie de renouveler l'expérience ? Si c'est le cas, je peux très bien m'envoler dans la seconde et te laisser vivre comme tu le désires !

— Non ! hurla Zaya. Non j'ai pas oublié et j'ai pas voulu te vexer, mais les promesses, on nous en fait souvent, seulement y a pas grand-chose qui change.

Je laissai quelques secondes passer avant de conclure :

— Bien, il n'y a donc pas d'autre solution pour moi qu'une totale immersion pour connaître, comprendre et trouver la solution adaptée à tes besoins.

Zaya eut un petit sourire en coin.

— T'es douée pour les phrases, si t'étais pas une fée, tu pourrais te lancer dans la politique.

À mon tour je poussai un profond soupir et ajoutai :

— Je ne suis pas un leader politique, je suis une fée et une fée doit toujours tenir ses promesses. C'est pour cela qu'avant de dire quoi que ce soit je dois connaître la réalité de ta vie au quotidien.

— Mais tu t'en fous de la réalité, tu peux la changer, t'as bien réussi avec l'affreux, t'as qu'à refaire un truc de magie. Les fées ça doit savoir faire toute sorte de magie.

— Quand je te disais qu'il serait nécessaire d'avoir une sérieuse conversation, je ne me trompais pas. Avant tout, tu vas te calmer et m'écouter attentivement, je vais t'expliquer ce que je peux faire et surtout ce que je ne peux pas faire. Les lois existent partout et je dois me soumettre aux nôtres.

Zaya avait repris son air boudeur.

— Il est inutile de faire cette tête, tu dois accepter les lois de mon monde et celles du tien, c'est comme cela que tu pourras évoluer. Je vais essayer d'être le plus clair possible et en premier lieu je vais te parler de moi.

Je suis une fée de glace, je vis dans les glaces les plus lointaines de l'Arctique et j'ai toujours voulu venir à Paris avec le Père Noël. J'ai dû passer par de nombreuses épreuves et surtout apprendre à corriger mes plus gros défauts pour pouvoir réaliser mon rêve. Il en est de mon monde comme du tien, rien n'est gratuit. J'ai mis du temps à le comprendre, je n'ai pas toujours été une fée modèle, j'étais paresseuse, menteuse, boudeuse mais disons que j'ai eu ma chance et voulant vraiment partir je l'ai saisie et j'ai accepté les difficultés qui accompagnaient cette chance. Je n'ai pas tous les pouvoirs et surtout je ne peux pas les utiliser n'importe comment, pour n'importe quoi et n'importe qui. Je dois demander la permission pour aider un humain. Je dois être en harmonie avec les lois cosmiques, je n'ai pas le droit de faire tout ce que je veux.

Zaya m'écoutait calmement et je continuai mon explication.

— Comme je te l'ai déjà dit, nos mondes si différents qu'ils soient sont tous deux régis par des lois et tu dois apprendre à respecter les lois du tien. Tu dois faire des efforts, maîtriser tes mauvais penchants, faire ressortir ce qu'il y a de bon en toi.

Zaya leva les yeux au ciel et dit.

— Ben d'après ma mère, y a rien de bon en moi, je suis juste là pour l'embêter.

Je souris et repris la parole.

— Je suis certaine que ta mère t'adore et ne veut que ton bonheur. Vous devez seulement apprendre à mieux vous comprendre et pour cela je ne connais qu'un moyen, parler ensemble. Tu dois lui faire part de tes désirs, de tes rêves, de tes souhaits.

— Ouais, ben si tu crois que c'est facile. Elle a qu'une idée en tête, que je passe mon bac. Comme si c'était ça qui allait me donner du travail. Avec le bac t'as plus rien, tu peux juste faire technicienne de surface !

— Ah ! Et n'est-il pas intéressant d'être technicienne de surface ?

Zaya pouffa de rire avant de m'expliquer.

— Ah toi, t'es toujours aussi nulle ! Bon j'te mets au parfum, technicienne de surface c'est un nom ronflant pour dire que t'es femme de ménage.

J'ouvris de grands yeux.

— Mais pourquoi les humains n'appellent-ils pas les choses par leur véritable nom ?

Zaya émit un sifflement.

— Ben c'est comme ça. Tu vois maintenant faut aller jusqu'au bac, mais les vraies études elles se font après, alors ils trouvent que ça fait mieux de donner des noms chics pour des boulots de naze.

Je repris la parole.

— Je commence à mieux cerner le monde actuel, mais ne sois pas trop dure. Et rappelle-toi qu'il n'y a pas de sot métier mais seulement de sottes gens.

— Ouais enfin, je ne me vois pas femme de ménage.

— Rassure-toi ton avenir n'est pas dans cette branche, je voulais simplement de donner une petite leçon d'humilité, nul n'est méprisable et chaque travail aussi insignifiant soit-il à tes yeux a sa raison d'être et fait partie de l'évolution de la personne qui le pratique.

— Même si cela la fait « chier » ?

— Effectivement même si cela lui déplaît. Cela aussi fait partie des lois. Nous avons tous des choses désagréables à apprendre et nous les apprenons que ce soit par un travail déplaisant, par une maladie ou par un accident qui réduit à néant tous nos espoirs, comme c'était le cas pour la petite Charlotte.

Zaya baissa la tête, prenant conscience que mon discours n'était pas aussi barbant qu'elle le pensait. Elle resta silencieuse quelques minutes puis me demanda :

— T'as pu la sauver Charlotte ?

J'hésitai avant de lui répondre :

— Oui j'ai pu la sauver dans une certaine mesure, mais je ne t'en dirai pas davantage, car je suis tenu au secret absolu en ce qui concerne mes interventions et il en sera de même pour toi.

— Tu veux dire que tu vas m'aider, que tu vas changer ma vie ?

— Stop, ne t'emballe pas trop vite. Je t'ai déjà dit que je le ferai dans la mesure de mes possibilités en me conformant aux lois. Mais le simple fait d'avoir pu entrer en contact avec toi me donne déjà l'autorisation de t'aider.

Zaya me gratifia d'un merveilleux sourire et me dit tendrement :

— J'aimerais t'embrasser mais j'ai peur de te faire mal.

— Ne t'inquiète pas pour cela je peux lire dans ton cœur et je ressens ton amour même sans manifestation physique.

— Ouah ! Si tu peux lire dans mon cœur, tu sais tout ce que je pense et tout ce que je veux ?

— Non, pour cela il faudrait que je sonde ton esprit, lire dans ton cœur me permet seulement de voir la quantité et la qualité d'amour qui s'y trouve. Et crois-moi l'amour est la chose la plus importante, l'essence même de la vie.

Zaya affichait un air sceptique.

— Tu n'as pas l'air convaincu par mes paroles.

— Ben c'est que l'amour dans notre monde il est plutôt absent. La violence est partout dans la rue, à la télé, on est obligé de vivre avec, on peut pas y échapper.

— Crois-tu ? Je sais que votre monde est violent, mais je sais aussi que beaucoup d'êtres sont remplis d'amour et de compassion même si parfois ils montrent un visage dur. Il ne faut pas toujours se fier aux apparences. La peur et l'incompréhension sont souvent à l'origine de la haine, la peur de l'autre entraîne le rejet, l'incompréhension empêche de communiquer.

Zaya m'interrompit.

— À qui tu crois apprendre cela, je suis d'origine étrangère et je sais ce que c'est que le rejet. D'office les gens pensent qu'on est mauvais.

— Ah oui et tu fais exactement la même chose ! Tu rejettes sans connaître, sans essayer de comprendre.

— Moi, c'est pas vrai.

— Tu as la mémoire courte. Quelle a été ta réaction lorsque je t'ai parlé de Charlotte ? D'emblée tu l'as jugée et critiquée. Tes idées préconçues ont de suite pris le pas sur une quelconque réflexion et surtout sur la compassion dont cette petite « fille riche » pouvait avoir besoin.

Zaya baissa la tête. Du bout de mon aile, je lui relevai le menton et vis une larme qui perlait au coin de ses beaux yeux de velours noirs.

Je souris et lui dis gentiment :

— Oh, que cette larme me ravit !

Reprenant un ton agressif, Zaya me répondit :

— T'aimes humilier les gens toi !

— Pleurer n'a rien d'humiliant, cela prouve simplement que ton cœur est pur et que contrairement à ce que tu veux bien dire, l'amour des autres y tient une place importante. Et cela me satisfait, car je suis à présent absolument certaine de pouvoir t'aider.

Zaya esquissa un faible sourire et me dit :

— T'es vraiment spéciale, toute cette soirée est spéciale. J'crois toujours que j'vais me réveiller, que tout cela est dans mon délire et pourtant je sais que c'est vrai, que je te parle, qu'on est dans ma chambre et tout quoi ! J'peux te poser une question ?

— Oui, que veux-tu savoir ?

— Est-ce que t'as un nom ?

— Bien sûr, je m'appelle Friza.

Et ne pouvant m'empêcher de reprendre mes veilles habitudes, j'exécutai ma plus belle révérence devant l'adolescente.

— Ouah! C'est comme dans les films de roi!

— J'ai effectivement été éduquée, il y a quelques siècles, par une fée du Moyen Âge extrêmement passionnée de culture française.

— Ah ouais!

Je levai les yeux au ciel avant de m'exclamer:

— Par pitié Zaya n'as-tu pas plus de vocabulaire? Et ne pourrais-tu faire un effort pour construire un peu mieux tes phrases?

La langue française est une très belle langue, comme nombre d'autres d'ailleurs, et si je conçois que le langage courant puisse être plus souple que l'écriture, il n'en demeure pas moins que la déformation systématique telle que tu la pratiques est très désagréable.

Zaya émit un sifflement mi-admiratif mi-ironique avant de dire:

— Mademoiselle Friza, devant une telle tirade, j'en reste bouche fermée.

— Bouche bée, pas bouche fermée. Mais je constate avec joie que tu es parfaitement capable de parler correctement.

— Euh! Ne te réjouis peut-être pas trop vite, j'veux bien faire des efforts, mais je ne peux pas te garantir un succès total.

— Ne t'inquiète pas, seule la bonne volonté compte. Sais-tu que j'ai connu les mêmes difficultés que toi, en effet avant mon départ je parlais, d'après le Père Noël, d'une manière un peu suranné et j'ai eu du mal à trouver le ton juste.

Zaya laissa éclater son merveilleux rire et dit:

— T'as sans doute trouvé le ton juste pour l'arrondissement de Charlotte, mais pas pour ici.

Je souris et répondis gentiment:

— J'ai l'intuition que tu vas te rallier à « mon ton » plus rapidement que tu ne le penses. N'oublie pas que je suis une fée et que je sais déjà certaines choses que tu ignores encore.

— Ah oui et tu peux me les dire?

— Non… Je dois d'abord mieux te connaître.

— Mais ça fait une plombe qu'on cause, tu me connais puisque t'as même dit que j'avais de l'amour dans le cœur et que ça te plaisait.

Je soupirai devant ce déluge verbal peu orthodoxe.

— J'ai effectivement dit cela. Seulement je ne connais pas encore tout de toi, ta vie, tes rêves et tes aspirations profondes.

— J'comprends pas, tu dis que tu sais des choses que j'ignore et tu veux que je te raconte ma vie. T'es pas logique !

Je souris avant de répondre à Zaya :

— Vois-tu jeune fille, les choses sont un peu plus compliquées que tu ne l'imagines. Il y a ce que je sais, ce que je pressens intuitivement et ce que tu dois obligatoirement formuler pour que je puisse t'aider à l'obtenir.

C'est encore une question de loi. Toute demande doit être formulée trois fois par la demanderesse.

Zaya émit un nouveau sifflement.

— Ben dis donc, c'est comme dans l'administration, y a toujours des tas de papiers à remplir et manque de chance, t'as jamais le bon !

— Ne t'inquiète pas, dans mon monde tout est verbal, seule ta volonté et ta détermination comptent.

— Et pourquoi trois fois ?

— C'est une loi magique, nul ne peut s'y dérober.

Zaya s'étira sur son lit.

— Bon du moment que ça marche. Donc, je dois te dire tout ce que je veux trois fois.

Légèrement énervée par le caractère particulier de cette jeune humaine, je laissai échapper un soupir de lassitude et m'exclamai :

— Zaya ! Seule la chose que tu désires le plus doit être formulée trois fois. En parlant ensemble, nous arriverons à déterminer quel est ce profond désir. Je veux oublier l'adolescente de cette nuit. Je suis persuadée qu'il y a une autre Zaya qui va au lycée, qui a de vrais amis, de beaux rêves et de grands espoirs. C'est tout cela que tu dois me confier.

Ma phrase à peine terminée, Zaya éclata en sanglots et me confia :

— Oh Friza, personne m'a jamais parlé comme ça. Je… Je sais pas quoi te dire, j'ai tellement de choses dans le cœur, c'est vrai que j'ai des rêves, mais…

Incapable de continuer, elle pleura de plus belle et je la laissai tranquillement déverser ce trop plein d'émotions sous forme de larmes.

Je profitai de ces quelques minutes où Zaya lavait son âme pour entrer en méditation. Je savais que j'allais devoir déployer pour elle une plus grande énergie qu'avec Charlotte. L'univers de Zaya était un monde sombre dans lequel aucune erreur n'était permise. Même si je lui avais dit vouloir oublier la nuit passée, je ne le pouvais pas totalement car les Forces qui l'avaient attaquée rôdaient toujours autour d'elle, prêtes à revenir au moindre signe de faiblesse. Et j'allais devoir expliquer à cette révoltée où commencent et finissent la liberté et la révolte.

Le bruit que fit Zaya en se mouchant me tira de l'état méditatif dans lequel je baignais.

Attendrie devant son petit visage rouge et chiffonné, je lui demandai :

— Comment te sens-tu après cette douche de l'âme ?

Zaya me regarda d'un air incrédule.

— Une douche de l'âme ? C'est la première fois que j'entends un truc pareil, ça veut dire quoi ?

— C'est un terme poétique pour expliquer qu'il n'y a pas de honte à pleurer, que les larmes purifient, qu'elles sont très utiles et constituent une soupape de sécurité.

Un sourire se dessina sur les lèvres de Zaya qui me dit :

— C'est très joli, tu connais encore beaucoup de phrases aussi chouettes ?

Je souris à mon tour.

— Oui et si tu le veux, je vais sans doute t'apprendre pas mal de « trucs » comme tu dis.

Zaya tendit sa main vers moi, me demanda de grimper dessus et dans un geste plein de charme et de douceur me caressa le visage avec la pointe d'une mèche de ses cheveux.

Une onde de pur bonheur passa entre nous. Je savais que cette jeune fille était remplie d'un amour qu'elle ne savait comment exprimer. Ma mission consistait d'abord à lui faire prendre conscience de cet amour, afin qu'elle le donne aux autres sous la forme qui conviendrait le mieux à sa personnalité.

Je sortis de mes réflexions pour lui demander tendrement :

— Parle-moi de ta vie Zaya. Dis-moi qu'elle est la part de beau dans ce monde que tu désires tellement fuir?

— La part de beau? Ben… Je sais pas trop.

— Je suis certaine qu'il y en a une. Rien n'est jamais tout noir, ni tout blanc. Dans toute situation déplaisante se trouve une part de beau, le germe d'une fleur qu'il suffira de cultiver pour qu'elle s'épanouisse.

Zaya réfléchit un long moment avant de se lancer enfin:

— Ben tu vois, la banlieue c'est devenu un monde à part. Il y a quarante ans d'après ma grand-mère c'était bien, c'était neuf, propre et puis petit à petit la situation s'est dégradée.

— Pourquoi? demandai-je vivement.

— Ben à cause du chômage, de la crise économique, les bâtiments se sont abîmés, tout est devenu moche, sale, mais personne n'a rien fait. On a construit des trucs mieux ailleurs, alors ici comme c'était pas cher, les personnes qui avaient des problèmes de boulot sont venues y habiter. Petit à petit les gens qui vivaient dans la cité ont été coupés des autres. Il y a eu des différences culturelles parce qu'il y avait beaucoup d'immigrés. Mais nous les jeunes on ne veut plus de cette coupure, on veut pas vivre dans un ghetto, on veut être comme les autres, on veut tout!

— Je vois, mais est-ce une raison pour voler, brûler des voitures et détruire irrémédiablement ta santé?

— Je croyais que tu voulais plus parler de cette nuit?

Je me raclai la gorge, quelque peu gênée avant de reprendre:

— Je ne veux pas en parler pour te culpabiliser, mais je ne peux pas fuir la réalité comme tu as tendance à le faire.

Zaya baissa les yeux et je continuai en décidant de passer à la vitesse supérieure.

— Pour avancer, il faut regarder ta vie en face, voir ce qui est bien, ce qui peut être changé et ce qu'il faut accepter.

Zaya s'exclama.

— Mais je veux tout changer!

Je levai les yeux au ciel et soupirai.

— Ouh tu es plus entêtée que je ne l'étais! Maintenant résumons la situation, j'ai compris le problème du lieu où tu résides et ton désir d'en partir, mais je ne connais toujours pas tes rêves et tes espoirs.

Zaya haussa les épaules.

— Mes rêves y servent à rien, ma mère arrête pas de me dire de ne plus rêver, d'avoir le sens des réalités et toi tu veux que je te les raconte, pour quoi faire?

— Pour faire la part des choses, petite têtue! Avoir un rêve ou plus exactement un désir et s'y tenir est une chose positive. Rêver à tout et à n'importe quoi sans but précis n'est pas constructif.

Alors je t'écoute, toi qui es si bavarde habituellement, aurais-tu peur de parler?

Zaya renifla de façon peu élégante, puis se lança:

— Ben euh voilà, j'sais pas...

— Zaya s'il te plaît, j'aimerais que tu m'expliques tes rêves dans un langage plus académique. Si je suis arrivée à modifier mes phrases, tu peux le faire aussi. Nous ne sommes pas si différentes, crois-moi!

Zaya se tordit curieusement la bouche, leva les yeux au ciel se racla la gorge et commença son récit.

— OK, je vais essayer de parler de façon « académique » mais j'te promets pas un succès complet du premier coup.

— Pas de problèmes, l'important est de commencer.

Zaya me remercia, mais je dus patienter un moment avant d'entendre à nouveau le son de sa voix.

— Eh bien voilà j'aime dessiner, en fait je suis passionnée par le dessin, la peinture, la création artistique et même mon prof dit que je me débrouille bien. C'est essentiel pour moi, c'est la seule chose qui me fasse vibrer.

J'émis un sifflement d'admiration.

— Bravo, quelle belle phrase!

Mes paroles eurent pour effet de faire ruer Zaya dans les brancards.

— C'est tout c'que tu vois? La phrase! Moi je te parle de ce que j'aime par-dessus tout et toi tu me complimentes sur la tournure de ma phrase. C'est trop nul!

Bien décidée à ne pas me laisser faire, je montai aux créneaux.

— Non ce n'est pas nul! J'étais tellement surprise de t'entendre formuler une phrase correcte de bout en bout que je n'ai pu m'empêcher de le mentionner.

Je continuai sur un ton plus doux.

— Je suis très heureuse de connaître enfin ta passion. Pourrais-tu me montrer un échantillon de ton talent.

Zaya ouvrit son armoire et en sortit deux peintures à l'huile qui me laissèrent béate d'admiration. Ensuite elle saisit feuille de papier et crayon qui traînaient sur son bureau et d'une main experte fit mon portrait en quelques minutes.

J'écarquillai les yeux en me voyant aussi parfaitement ressemblante et dis :

— Ouah ! C'est génial, trop cool !

Cette exclamation fit éclater Zaya de rire.

— Eh bien chacune met un pied dans le territoire verbal de l'autre.

Je souris avant d'ajouter :

— Il y a de bonnes choses à prendre partout. Je n'ai jamais rejeté tes expressions modernes, juste ta déformation systématique du français !

Tes peintures sont magnifiques, les couleurs sont impressionnantes d'originalité. As-tu encore d'autres dessins à me montrer ?

Zaya baissa la tête d'un air contrit et m'avoua.

— Ben... J'les ai donnés à Patrick.

— Et qui est Patrick ?

— Le plus vieux des garçons qui étaient dans la cave avec moi.

— Celui qui t'a injecté cette substance mortelle dans les veines ?

— Oui !

— Mais pourquoi lui as-tu donné tes dessins ?

— Il m'a dit qu'il connaissait des gens bien placés et que si je lui faisais conf, je deviendrais célèbre et que je pourrais partir d'ici.

J'étais ulcérée et je faillis m'étouffer en lui demandant :

— Partir avec lui bien sûr !

Zaya soupira.

— Oui, mais c'est vrai qu'il connaît des tas de mecs branchés.

— Branchés ! Branchés dans la drogue ?

Zaya tortilla un morceau de laine qui dépassait de son gilet et ajouta :

— Tu ne comprends pas Friza. Dans le milieu artistique, prendre un peu de drogue est très courant et ce n'est pas pour cela que les gens en meurent. Ils prennent de la came de façon occasionnelle pour éveiller leur sens artistique et avoir des perceptions plus affinées. C'est pour cela que j'ai été d'accord pour essayer, je veux aller plus loin dans ma création, je veux y mettre des couleurs inconnues !

Je hochai tristement la tête.

— D'accord tu as cru cet imbécile, mais tu sais à présent ce que l'on peut voir avec ce genre de produit ! Je n'ai pas l'impression que le personnage que nous avons affronté te permette d'aller plus loin dans ta création.

Zaya se mordit les lèvres avant d'ajouter :

— Pourquoi ce monstre a voulu m'agresser ? D'abord peut-être qu'il existait pas, peut-être que c'était une hallucination ? Peut-être que toi aussi tu es une hallucination !

Exaspérée, je pris mon envol et disparus par la fenêtre entrouverte.

Zaya sauta de son lit, se précipita derrière moi et ouvrit la fenêtre en grand en criant mon nom.

Je restai silencieuse et invisible quelques minutes, savourant l'air frais avec bonheur.

Cette même fraîcheur fit frissonner Zaya qui rentra dans sa chambre. Au moment où elle refermait la fenêtre je réapparus derrière la vitre à hauteur de son nez avec un clin d'œil coquin.

L'air honteux, elle ouvrit à nouveau la fenêtre et me tendit sa main dans laquelle je me laissai glisser en lui disant :

— Quand vas-tu croire à ma réalité ?

— Maintenant, me répondit-elle.

— J'en suis fort aise, Mademoiselle Zaya, nous allons enfin pouvoir travailler sérieusement.

Tout en regagnant le lit, je commençai à lui expliquer mon plan qui consistait avant toute chose à récupérer les dessins laissés à Patrick.

Un peu effrayée Zaya me demanda :

— Comment tu veux faire ?

— De la manière la plus simple qui soit, en lui demandant :

Zaya eut un petit rire nerveux.

— En lui demandant ! Mais Friza tu ne connais pas Patrick, il est un peu... comment dire... Enfin il s'énerve facilement, tu vois et je pense pas qu'il me donne mes dessins parce que...

— Parce que ?

Quelque peu mal à l'aise, Zaya se racla la gorge.

— Parce qu'il va comprendre que je veux me tirer seule ou croire que j'ai trouvé un autre mec pour m'aider et là ça peut chauffer !

Je hochai la tête, souris et rassurai Zaya.

— Ne t'inquiète pas, voici exactement comment nous allons procéder. Tu vas rencontrer ce cher Patrick, lui demander gentiment tes dessins et s'il ne veut pas te les rendre ou manifeste une quelconque agressivité à ton égard, j'interviendrai.

Tout en parlant mes yeux se posèrent sur le réveil près du lit, ce qui eut pour effet de me faire sursauter. Il était cinq heures du matin, nous étions le 25 décembre, je n'avais accompli qu'une mission et je devais retrouver le Père Noël à midi sous peine de rester ici une année entière. Je m'écriai soudain :

— As-tu vu l'heure ? Il faut partir et régler ce premier problème immédiatement.

— Immédiatement, mais tu es folle ! À cinq heures du mat Patrick il est encore dans la cave et complètement déf.

Je me grattai la tête en proie à une vive contrariété, réfléchis quelques instants et demandai :

— Où sont tes dessins ?

— Chez Patrick.

Je soupirai en frottant énergiquement ma nuque et exprimai mes pensées à haute voix.

— Je répugne à faire ce genre d'actes, mais je crois hélas que nous n'avons pas le choix. De plus il s'agit de récupérer tes dessins et ce dans un but positif.

Zaya me regardait monologuer avec un air interrogateur, je m'expliquai :

— Je vais pénétrer chez Patrick, t'ouvrir la porte pour que tu puisses m'y rejoindre et emporter les dessins. Ensuite nous reviendrons très vite ici pour la suite de mon plan.

Restant quelques instants la bouche grande ouverte, Zaya finit par dire :

— T'es complètement dingue ! Et si Patrick est déjà rentré ? Ou mieux encore, s'il rentre pendant que nous serons dans sa piaule !

— Tu viens de me dire qu'il est encore dans la cave sous l'emprise de la drogue.

— Ouais… Mais on sait jamais !

Je soulevai à nouveau le petit menton boudeur de Zaya du bout de mon aile et lui affirmai :

— Nous n'avons pas le choix. Il faut que tu saches que je ne dispose que de peu de temps pour aider le plus grand nombre possible d'enfants. Je dois rentrer avec le Père Noël aujourd'hui.

Zaya se mit à rire et je lui demandai pourquoi.

— Excuse-moi, mais quand tu parles du Père Noël c'est plus fort que moi. Ça fait tellement ringard. Plus personne croit au Père Noël à part les bébés.

Je l'interrompis brusquement.

— Oh, vous êtes vraiment pénibles ! S'il y a bien une chose que vous avez en commun Charlotte et toi, c'est votre discours sur le Père Noël.

Zaya haussa les épaules en précisant :

— Normal puisqu'on est plus des bébés !

Je levai les yeux au ciel avant d'ajouter :

— Vous avez tort. Il existe bel et bien, je suis venue avec lui et je n'ai pas d'autre solution que de repartir avec lui.

— OK, je ne veux pas te contrarier mais pour ce qui est de cambrioler Patrick, il faudrait peut-être songer à un autre plan.

Offusquée, je précisai :

— Il n'est pas question de cambriolage, mais de la récupération de « ton bien » par un moyen, il est vrai quelque peu radical.

Zaya sourit.

— Ce qui risque d'être radical, c'est la baffe que Patrick va me mettre s'il me surprend en train de prendre mes dessins sans lui avoir demandé la permission.

Je fis un double saut périlleux avant de m'écrier :

— Non d'une fée, je n'ai jamais rien entendu de plus stupide. Lui demander la permission ! Et puis quoi encore, pour qui se prend-il cet individu ? Que lui dois-tu ? Qu'a-t-il fait pour toi à part te promettre la lune et t'injecter du poison dans les veines ?

Tout en souriant Zaya intervint :

— D'accord, calme-toi, tu as raison. Seulement tu ne le connais pas, en plus tu ne risques rien puisqu'il ne te voit pas, mais moi il va pas me louper.

Je penchai ironiquement la tête sur le côté et affirmai :

— Fais-moi confiance, n'oublie pas que je suis une fée, tout se passera bien. Partons sans plus attendre.

Cinq minutes plus tard, bien que moyennement rassurée, Zaya me conduisit jusqu'à l'immeuble de Patrick. Arrivée en bas, je la laissai monter seule et je volai jusqu'à la chambre du garçon en priant d'y trouver une fenêtre ouverte. La chance me sourit et je me faufilai rapidement à l'intérieur.

Un mélange indéfinissable me saisit immédiatement à la gorge. C'était une épouvantable odeur composée de sueur, de relents de cuisine, de parfum bon marché, totalement insupportable pour mon nez de fée.

Un rapide coup d'œil me fit comprendre que la chambre était vide et sans perdre un instant je fonçai vers la porte d'entrée.

Ce que je vis me laissa un instant perplexe. Une clef dans la serrure et un cadenas de sécurité faisaient barrage entre Zaya et moi.

Je me positionnai à hauteur de la serrure, pris une profonde inspiration et lançai mentalement un rayon qui, activé par mon souffle, fit tourner la clef dans le sens de l'ouverture. Je fis la même opération sur le cadenas et de suite Zaya pénétra dans l'appartement.

Radieuse, elle me dit :

— T'es vraiment géniale petite fée.

Je souris modestement.

— Dépêchons-nous, dis-je en entraînant Zaya vers la chambre. J'ai un mauvais pressentiment.

Une fois dans la pièce, mon malaise s'accentua et je cherchai d'où il pouvait venir tout en poussant Zaya à accélérer ses recherches.

Un bruit me fit sursauter et j'insistai encore :

— Fais vite, j'ai entendu du bruit, il faut quitter les lieux rapidement.

Zaya soupira.

— J'ai rien entendu, pourquoi tu t'affoles ? À mon avis s'il est pas encore rentré, c'est qu'il est trop déf, nous n'avons rien à craindre, de toute façon j'ai mes dessins.

— Tu n'as rien entendu ! C'est bizarre, filons vite si tu as tes dessins.

— Ben moi ce n'est pas le bruit qui me gêne, c'est le relent d'œufs pourris, tu sens pas Friza ?

— Si, murmurai-je. Comprenant que cette puanteur était l'odeur caractéristique du soufre, je cherchai d'où allait venir le danger que je sentais imminent.

Tout en parlant Zaya s'était dirigée vers la porte, je voletai au-dessus de son épaule et nous allions la franchir quand…

Soudain dans l'encadrement se dressa en ricanant l'affreux personnage que j'avais combattu dans la cave.

J'avalai péniblement ma salive. J'avais prévu une éventuelle rencontre avec Patrick, mais pas une deuxième confrontation avec ce monstre qui s'empressa de m'apostropher.

— Hihihi ! La fée de glace. Je savais que je te reverrai. Pour tout te dire, je t'attendais vermisseau.

Ne me laissant nullement impressionner par ce terme, j'engageai le fer sans attendre.

— Vermisseau ! N'est-ce pas l'état auquel tu as été réduit lors de notre précédente rencontre ?

Vexé, il poussa un rugissement de colère et dégagea une odeur encore plus insupportable. Zaya frissonna de dégoût et me demanda :

— Que se passe-t-il, pourquoi tu t'es arrêtée et d'où vient cette odeur ?

Je me ressaisis et déclarai à la jeune fille :

— Sauve-toi Zaya, rentre chez toi en vitesse et attends sagement mon retour, j'ai un petit problème à régler.

Ma tirade eut pour effet de faire rire la créature qui sauta grotesquement sur place.

— Hahaha ! Elle est bien bonne celle-là ! Ici c'est moi qui donne les ordres. La fille ne bouge pas de cette chambre. Tu as peut-être gagné la première manche, mais je vais récupérer la gamine. Elle sera à moi, que cela te plaise ou non, quant à toi j'ai bien l'intention de te faire payer cher l'affront que tu m'as infligé. Tu vas regretter de t'être mise en travers de mon chemin, je vais tellement te faire souffrir que tu m'imploreras de t'achever.

Bien que frissonnant à l'écoute d'un tel programme, je me devais d'être forte. L'heure n'était ni à la réflexion ni à l'apitoiement mais à l'attaque immédiate.

Je me préparai à lancer mon premier assaut lorsqu'un cri coupa mon élan. Je regardai Zaya qui, interloquée, se frottait la jambe, cherchant tout à la fois à comprendre pourquoi son pantalon était déchiré et à atténuer la brûlure qu'elle ressentait. Je savais que je devais lui dire la vérité. Il ne servait à rien de se voiler la face, la lutte allait reprendre et nous devions être fortes et unies pour gagner.

D'un bond je me hissai à hauteur de son oreille et lui murmurai :

— La créature de la cave est ici et je vais devoir me battre contre elle. Tu ne la vois pas mais elle a un œil sur toi, en fait c'est toi qu'elle veut.

Zaya me regarda d'un air horrifié. Et je tentai de la rassurer.

— Calme-toi, essaye discrètement de fuir et si c'est impossible, reste très éloignée de ce monstre. Il ne doit te toucher sous aucun prétexte. Est-ce bien clair ?

Zaya hocha la tête et avoua :

— J'ai peur Friza. Pourquoi est-il ici et que me veut-il ?

— Les Forces de l'Ombre ne lâchent pas facilement leurs proies. Il sait que tu es fragile et que sans mon intervention, il aurait déjà établi une partie de son pouvoir sur toi. Je vais tenter une diversion, essaye de t'enfuir pendant ce temps.

Joignant le geste à la parole, je lançai aussitôt un rayon de force rouge sur l'ignoble personnage. Zaya se précipita vers la porte mais recula aussi vite en hurlant. Bien que touché, il avait eu le temps de lancer un jet d'acide en direction de la jeune fille qui, ne pouvant voir la bête, était en état d'infériorité.

L'horrible rire de la créature résonna à mes oreilles et ses commentaires fusèrent.

— Stupide fée, tu crois pouvoir me voler cette humaine encore une fois ?

Tes petits rayons de pacotilles sont tout juste bons à effrayer des lutins peureux.

À nouveau je restai de marbre face aux attaques verbales du monstre. Il n'était pas question que je me déconcentre et ses railleries venaient au contraire de me donner une idée. Je savais que les gnomes n'étaient pas peureux et leur demander de l'aide me sembla tout à fait approprié. Formant rapidement un cercle de protection magique afin de gagner les précieuses minutes dont j'avais besoin pour agir, je fis signe à Zaya de se cacher dans l'angle que formait une commode. Puis me concentrant sur l'élément eau, je fis surgir du mur une petite cascade qui la protégerait de la créature pendant mon absence.

Cette première opération terminée, je projetai ma pensée dans les entrailles de la terre à la recherche du Seigneur Holdar, le roi des gnomes. Il était presque impossible pour une fée de glace de pénétrer dans les profondeurs de la terre. Le rayon conducteur de ma pensée devait se frayer un chemin parmi de nombreuses embûches. Il devait traverser des couches de plus en plus denses avant d'être au cœur de la terre.

Arrivée dans le domaine du Seigneur Holdar, je me matérialisai sans attendre. Le temps m'était compté, la densité de ce monde était difficilement supportable pour une fée, mais j'avais besoin de toutes les aides possibles car je pressentais la bataille dure et inégale. Je savais que la créature n'était déjà plus seule et malgré la différence de temps et d'espace qui régnait entre les mondes, je devais me dépêcher, la vie de Zaya en dépendait.

Confortablement installé sur un fauteuil d'obsidienne, Holdar un petit sourire aux lèvres m'observait. C'était à n'en pas douter la première fois qu'une fée de glace s'aventurait dans son monde. Je m'inclinai profondément devant lui et selon la coutume, formulai trois fois ma demande.

— Seigneur Holdar, nul besoin pour moi de te narrer la gravité de la situation. Ma seule présence en ton royaume l'explique. Je te demande humblement au nom de l'entraide qui règne entre les mondes de Lumière qu'ils soient de l'air, de l'eau, du feu ou de la terre de bien vouloir m'assister dans la lutte que je dois mener contre les forces négatives dans le monde des humains.

Après avoir écouté mes trois requêtes, Holdar parla calmement :

— Ta demande semble juste car en tout lieu la Lumière doit s'unir pour vaincre l'Ombre, mais une chose m'échappe.

Une lueur amusée passa dans ses yeux et connaissant le côté farceur des lutins, cela ne me rassura qu'à moitié.

— Que fait donc une fée de glace chez des humains? On ne peut pas vraiment dire que ce soit ton lieu de travail !

Et il ponctua sa phrase d'un rire long et sonore en attendant ma réponse.

Oh là, là ! J'avais oublié la légendaire indolence des gnomes. Ils n'avaient absolument pas la même notion du temps que les fées, ils étaient lents, très lents, bien plus lents que les humains qui l'étaient déjà beaucoup par rapport à nous.

Mais le moment était mal choisi pour faire ce genre de comparaison, je devais foncer et pour cela je n'avais pas le choix. Faisant appel aux Forces de mon initiation, à la vitesse de la lumière, j'imprimai dans le cerveau du Seigneur Holdar, mes rêves, la Fée Lumière, le Père Noël, mon voyage, Charlotte, Zaya et le monstre.

Le choc dut être éprouvant pour lui. Je le vis trembler légèrement, se frotter le haut du crâne comme si un insecte venait de le piquer, me regarder avec des yeux ronds comme des soucoupes, ouvrir légèrement la bouche, la refermer, puis l'ouvrir à nouveau pour enfin me dire :

— Très bien petite, je te donne mes meilleurs compagnons. Ouvrant un coffre en plomb qui se trouvait à ses côtés, il en sortit la plus pure et la plus fine des baguettes de cristal qu'il m'eût été donné de voir.

— Prends cette baguette de cristal, je sais que tu as la capacité de t'en servir, mais sois néanmoins extrêmement prudente, la force qu'elle recèle est au-delà de ce que tu peux imaginer.

J'acquiesçai d'un signe de tête et sans me laisser le temps de formuler la moindre question, il ajouta :

— Allez, vous devriez déjà être partis.

Un sourire très explicite se dessina sur mes lèvres. Donner en si peu de temps une notion de rapidité à un gnome tenait du miracle.

Dématérialisés et matérialisés en un clin d'œil, mes compagnons et moi étions de retour dans la chambre de Patrick au moment où l'abominable créature, qui comme je le craignais avait un comparse, venait d'assécher entièrement la cascade de protection.

Sans hésiter un instant les quatre gnomes se transformèrent en un bloc de roches pour remplacer la cascade. Zaya était à nouveau protégée et hors d'atteinte des créatures maléfiques.

J'étais rassurée mais seule pour le combat qui allait commencer.

Je volai au centre de la pièce le plus près possible du plafond et d'un même élan je sortis et lançai ma toile d'araignée magique sur les deux créatures. Prisonniers, ils se débattaient comme les diables qu'ils étaient sans pouvoir s'échapper de la toile. Je pris la baguette de cristal que m'avait remise Holdar pour les neutraliser définitivement quand je vis surgir un troisième démon.

Plus grand et moins grotesque que les autres, sa forme humaine, avec un visage de cire, des yeux jaunes, des dents pointues et de longs ongles laqués d'un rouge sang, le rendait plus terrifiant que ses comparses. J'avalai péniblement ma salive, luttant pour ne pas douter de ma victoire finale.

Il avança vers moi en laissant ces deux acolytes derrière lui. Comme je voletais toujours au niveau du plafond, il leva la tête pour me regarder et je vis un long cou se tendre hors de la cape noire qui recouvrait son corps. Un rictus mauvais se dessina sur sa figure et dans un geste brusque, il jeta sa cape sur le sol, laissant apparaître un corps entièrement momifié dont les bandages par endroits pendaient lamentablement. Une horrible odeur de décomposition se dégageait de l'ensemble et je dus ouvrir mon chakra des parfums pour résister à ces odeurs de soufre et de mort qui envahissaient la pièce. Le merveilleux parfum de roses, de narcisses et de lys blanc qui se répandit déstabilisa un instant ce monstrueux personnage et j'en profitai pour m'éloigner de lui. Je reculai dans l'angle de la pièce le plus éloigné et activant la baguette de cristal, sans aucune hésitation cette fois, je lançai sur lui un terrible rayon bleu.

Un rire venu de la nuit des temps retentit dans la pièce et j'entendis une voix d'outre-tombe me dire :

— Je ne suis pas ici pour m'amuser, je ne suis pas aussi stupide que ces deux démons de bas étages. Tu ne peux rien contre moi et ce n'est pas l'aide des gnomes qui changera quoi que ce soit. Je vais prendre cette fille sans que tu puisses t'y opposer.

Je ne pouvais accepter de perdre Zaya et bien que je n'aie normalement pas à lui adresser la parole, une force supérieure à la curiosité naturelle des fées me poussa à le faire.

— Pourquoi tiens-tu tellement à cette jeune fille ?

— Et toi pourquoi veux-tu tellement la sauver ?

Sa demande m'interpella. Je ne m'étais jamais posé la question. Elle s'était trouvée sur ma route tout comme Charlotte et je devais l'aider, c'était aussi simple que cela.

— Je suis un être de Lumière et je me dois d'aider les personnes qui en ont besoin.

Le démon éclata d'un rire guttural.

— Tu n'es vraiment qu'une fée stupide ! Ils n'ont rien trouvé de mieux ? Avec des imbéciles comme toi, l'Ombre n'aura même plus à combattre pour remporter la victoire.

N'étant pas la stupide créature qu'il voulait bien imaginer, en un éclair je me concentrai sur certaines phases de mon initiation. Voyant l'avenir, je compris soudain ce que représentait Zaya pour lui. Charlotte avait le Don et deviendrait une magicienne, mais Zaya avait plus de pouvoir. Elle les avait acquis dans d'autres vies et ils avaient été réactivés dans celle-ci sans que l'enfant le sache par sa grand-mère qui possédait elle aussi le Don. C'était l'œuvre de l'Ombre qui avait fait prendre à Zaya une mauvaise route. Ses soi-disant amis n'étaient que des pantins manipulés par ces forces négatives pour faire glisser la jeune fille et l'empêcher de réaliser son destin. Prenant conscience de l'importance de ma réussite, je saisis ma propre baguette et combinant la force du cristal et de l'améthyste, je lançai un rayon croisé qui fit chanceler le monstre. Sans attendre, je lui infligeai un deuxième assaut qui, l'atteignant en plein cœur, le fit tomber et glisser jusqu'au mur formé par les gnomes. Il ne mit hélas pas longtemps à se relever mais ce laps de temps avait suffi pour faire germer une idée dans mon esprit.

Seulement pour sa réalisation, il me fallait le concours des gnomes. Ils devraient, une fois que je l'aurai bien fatigué et maintenu à terre par mes assauts successifs, l'isoler et le transformer en statue de pierre. Le problème de ce plan était qu'il laisserait Zaya sans protection quelques minutes. Un temps qui pouvait permettre aux deux affreux, qui allaient bien finir par se libérer de la toile, d'intervenir et d'emmener la jeune fille. Le démon me tira de mes réflexions en lançant un jet brûlant dans ma direction. Je l'évitai de justesse et lançai un tourbillon d'énergie dans la sienne. Il tomba à nouveau sur le sol et je profitai de ce court instant pour capter l'attention des gnomes et leur transmettre mon idée. Hélas la masse de pierres qu'ils formaient rendait ma démarche difficile et je dus dépenser une formidable énergie pour me faire entendre. J'étais en état d'infériorité et le démon le sentit immédiatement. Se relevant d'un bond, il cracha des langues de feu dont la chaleur était telle que je vis ma dernière heure arrivée. Je suffoquais, mon corps était aspiré par les flammes, j'allais perdre connaissance et ma dernière pensée fut pour la Fée Lumière, lui demandant tout à la fois, pardon d'avoir échoué et de prendre soin de mon esprit…

Cette pensée me propulsa au royaume des fées et la Mère fut devant moi et me parla.

— Tu n'as pas échoué, Friza. La bataille n'est pas finie, je ne laisserai pas ton esprit quitter ton corps. Tu vas repartir là-bas et donner toute la Force qui est en toi. Tu as compris qui est cette enfant, elle a beaucoup d'importance pour les Forces de Lumière et tu peux réussir à la sauver. Alors va !

Le choc qui me ramena dans mon corps fut terrible et décupla la Force en moi. Je sus à cet instant que j'allais définitivement éliminer le démon.

Prise d'une incroyable fureur envers ce monstre qui avait failli me tuer, tenant mes deux baguettes comme des épées et concentrant la Force dans mon troisième œil, je fis simultanément jaillir trois rayons d'une extrême intensité. Le démon tourna sur lui-même entraîné par la spirale que formaient les trois rayons. J'en profitai pour m'envoler au-dessus du rocher, en espérant que les gnomes aient capté mon message avant ma perte d'énergie. Je maintins le champ de Force qui immobilisait le démon tout en essayant de les contacter. L'énergie que je déployai était énorme, pour la première fois de ma vie la sueur inondait mon front et mes ailes avaient perdu tout leur éclat. J'étais dans un triste état, mais une seule pensée occupait mon esprit, me faire comprendre des gnomes pour sauver Zaya. Je vis soudain le rocher se transformer, ils avaient enregistré mon plan et se mettaient en position pour attaquer le démon et le changer en pierre. Hélas, la joie que me procura la vue des gnomes me fit perdre un peu de concentration et une faille, si faible fût-elle, permit au démon de s'échapper de la spirale. Délivrant au passage ses deux serviteurs, ils se regroupèrent dans l'angle opposé, prêts à lancer un nouvel assaut. Comprenant la vulnérabilité de Zaya, les gnomes reformèrent le rocher de protection, non sans me dire auparavant.

— Nous avons compris ton plan, nous interviendrons à ton signal, mais il faudra faire très vite.

Faire vite dans la bouche d'un gnome, j'eus du mal à retenir un sourire, mais c'est un rire sarcastique qui me fit sursauter.

— Alors comme cela la poupée et les nains ont un plan !

J'éclatai de rire à mon tour, songeant que l'époque où une telle phrase aurait provoqué mon indignation me semblait très loin et déclarai :

— Pauvre créature, si tu crois me perturber avec ce genre de tirade, il faudra trouver mieux.

— Je n'ai pas l'intention de te perturber, uniquement de t'éliminer.

Et sur ces mots sans que j'eusse le temps de prévoir leur action, ils lancèrent ensemble des jets d'acide dans ma direction. Je dus mon salut à la souplesse et à la rapidité inhérente à mon peuple, bien qu'un peu d'acide touchât malgré tout le bout d'une de mes ailes, provoquant une violente douleur. Ayant atterri derrière une pile de livre, j'en profitai pour me concentrer sur l'énergie de guérison qui était en moi et réparer mon aile blessée. Une fois cette opération effectuée, je me glissai le long des livres et essayai de voir par un interstice ce que devenaient mes ennemis. De toute évidence ils me cherchaient. Je voyais leurs horribles yeux rouges et jaunes fouiller la pièce. Je n'avais guère de temps, il fallait agir vite, je n'aurai peut-être plus une si belle occasion. J'étais sur une étagère qui se trouvait juste au-dessus de la commode qui servait d'appui au rocher fabriqué par les gnomes. Je commençai à descendre en restant camouflée derrière les livres. Il y avait peu d'espace entre l'étagère et la commode, mais cela suffisait pour me faire repérer, d'autant plus que les trois démons s'étaient séparés et fouillaient méticuleusement la pièce. Je n'avais plus mon sac en toile d'araignée magique, mais je trouvai trois minuscules grains de poudre d'invisibilité dans un des replis de ma tunique. Je les déposai sur le haut de ma tête, espérant que cela suffirait pour effectuer ma descente, contacter les gnomes et leur laisser le temps de reprendre forme pour combattre à mes côtés.

La poudre agit et je fonçai vers le rocher tout en me mettant en communication télépathique avec les gnomes. Ils perçurent immédiatement mon message et commencèrent à reprendre leur véritable apparence. En quelques secondes ils étaient dressés et prêts à l'attaque. Zaya, terrorisée, restait recroquevillée dans son coin. Je me posai sur son épaule et au moment où l'invisibilité s'estompait, je commençai à lui parler.

— Zaya, l'heure du grand combat est arrivée. Reste où tu es, ne bouge pas, mais tiens-toi prête à courir à mon signal.

Zaya hocha la tête en signe d'assentiment et me demanda :

— Pourquoi Friza ? Pourquoi moi ?

— Je sais pourquoi à présent, je te l'expliquerai lorsque nous serons sorties d'ici. Fais-moi confiance jeune fille, je te sauverai.

Un pâle sourire se dessina sur ses lèvres desséchées et elle me dit :

— Merci petite fée, fais bien attention à toi.

Je n'avais pas le temps de m'apitoyer, les démons nous avaient vues et ils approchaient pour l'ultime combat.

Les gnomes les uns à côté des autres formaient encore un rempart pour protéger Zaya. Je volai au centre de la pièce et rassemblai mes énergies. Avec la vitesse de l'éclair, j'activai tous mes centres d'énergie, faisant jaillir d'eux des faisceaux lumineux que je projetais simultanément sur les deux petites créatures. Ils tombèrent comme des mouches foudroyées par la puissance de la Force qui était en moi.

Devant une telle démonstration, le démon parut déstabilisé quelques instants. Cela fut suffisant pour me permettre de concentrer une nouvelle fois mes énergies afin de les lancer sur lui. Le choc fut terrible et il tomba à genoux sur place. Sans perdre une seconde, je jonglai avec mes baguettes et le rayon de mon troisième œil, les faisant s'entrecroiser pour former à nouveau une tornade dans laquelle le monstre commença à tournoyer. Telle une toupie, il tourniquait de plus en plus vite, l'énergie était si intense qu'elle happa une des bandelettes qui pendait de son corps et le déshabilla en un rien de temps. Ce n'était plus à présent qu'un squelette qui tournait toujours pitoyablement sur lui-même. Les gnomes choisirent ce moment pour intervenir et lancer leurs ondes de densification. Je les laissai faire et tout en maintenant le tourbillon, je me dirigeai vers Zaya et lui hurlai de se sauver. Cet ordre provoqua un ultime choc au démon qui, déjà changé en statue de pierre jusqu'à la taille, poussa un hurlement sinistre. Il avait échoué et il regarda Zaya franchir le seuil de la porte avec toute la haine dont il était capable.

Mais les gnomes terminaient méthodiquement leur travail et joignant nos énergies, nous expulsâmes ce démon de pierre dans un monde d'où il ne reviendrait jamais. Me tournant ensuite vers les deux affreuses créatures qui commençaient à émerger, je lançai deux boules d'énergie qui les expédièrent définitivement dans les enfers d'où ils venaient.

Tout était terminé.

La chambre de Patrick était dans un indescriptible état. Les meubles étaient saccagés et noircis, les rideaux, le couvre-lit et les livres brûlés, le sol émaillé de taches verdâtres et de trous. Je décidai de tout laisser ainsi, pensant qu'une petite leçon ne serait pas de trop pour ce garçon.

Il serait loin d'imaginer le combat dont sa chambre avait été le terrain, il penserait sûrement à un saccage fait par un dealer et qui sait, la peur, et il y avait de quoi en voyant l'état des lieux, serait peut-être le moteur de son changement…

Quoiqu'en y réfléchissant, j'imaginais mal des loubards faire un tel massacre et cette pensée me fit sourire.

Je remerciai chaleureusement les gnomes pour leur aide si précieuse et volai vers Zaya qui m'attendait devant la porte d'entrée.

Un peu plus tard, nous étions à nouveau dans la chambre de Zaya, la nuit se retirait doucement et sa mère n'allait pas tarder à se lever.

La jeune fille était encore sous le choc de sa soirée de Noël.

Assise sur son lit, elle frissonnait malgré la couette dans laquelle elle s'était enveloppée, ne prononçant pas un mot.

Je me décidai à parler :

— Comment te sens-tu à présent ?

Elle dodelina la tête d'un côté et de l'autre avant de dire :

— Je ne sais pas, j'ai l'impression d'avoir été au milieu d'un gigantesque ouragan et d'être passée sous un rouleau compresseur.

— Tu as été au milieu d'une bataille entre l'Ombre et la Lumière et c'est pire qu'un ouragan !

— En fait, j'ai… du mal à réaliser ce qui vient de se produire. Ces monstres, les nains, toi et tes baguettes et puis toutes ces lumières, ce feu, c'est un peu trop ! Et je ne sais toujours pas pourquoi tout cela m'est arrivé.

Je soupirai avant de continuer :

— Je sais Zaya, cette bataille peut te sembler difficile à croire et pourtant tu l'as vécue. Et comme je t'avais promis de t'expliquer le pourquoi de toute cette aventure, je vais le faire.

Je me mis à lui parler le plus simplement possible, à lui dire enfin pourquoi et comment elle s'était trouvée au milieu de cette bataille. À la fin de mon récit et contrairement à mes attentes, Zaya me demanda :

— Que vais-je faire à présent petite fée ?

Je marquai un temps d'arrêt, ne sachant pas très bien moi-même ce que nous devions faire.

— Eh bien… c'est-à-dire… Je n'ai pas encore eu le temps d'y penser.

— Quoi ! s'écria Zaya. Mais tu es une fée, tu dois tout connaître de l'avenir et m'aider.

Je la regardai d'un air dubitatif. Je fis une pirouette en espérant recevoir l'inspiration et me plantai devant Zaya en me grattouillant la nuque pour mieux réfléchir. Quelques minutes passèrent. La jeune fille ne disait rien, respectant mon moment d'intense réflexion. Je me raclai la gorge et commençai à expliquer mon idée :

LA FÉE DE GLACE

— La première chose à faire est de quitter cet endroit.

Zaya eut un sourire en coin.

— Ce n'est pas moi qui vais te contredire, le seul problème est comment le quitter.

Je soufflai légèrement et annonçai fièrement :

— Je crois que nous n'avons pas le choix, je vais devoir faire appel à la magie.

— Ah bon, je croyais que tu n'avais pas le droit d'intervenir magiquement dans la vie des humains.

— C'est exact, sauf cas exceptionnel. Et tu es ce cas. D'abord tu vas prendre une douche, indispensable après ce que tu viens de vivre, te maquiller très légèrement et t'habiller avec ce que tu as de plus joli et de plus… classe. Ensuite tu feras ta valise. Emporte ce dont tu as le plus besoin et surtout n'oublie pas tes dessins, c'est le plus important.

Zaya me souriait, l'espoir se lisait sur son visage juvénile, mais néanmoins, elle me demanda :

— Et… ma mère, tu as pensé à ma mère, il faut bien que je lui donne une explication. Je suis pas majeure, je peux pas partir comme ça. Toi qui parles toujours de loi, ben ça c'est une loi humaine.

Je me grattai à nouveau la nuque, j'avais oublié ce point important. Je cogitai rapidement et demandai :

— Quel âge as-tu ?

— J'ai seize ans et la majorité est à dix-huit ans.

— Mais tu peux être émancipée à seize ans.

Zaya poussa un petit sifflement admiratif.

— T'en connais des choses ! Oui, c'est exact, je peux être émancipée, mais ne rêve pas, ma mère ne voudra jamais me laisser partir sans savoir où, avec qui et pourquoi.

— Tout à fait normal, dis-je.

Zaya ricana.

— Alors on fait quoi ?

— Que fait-on ?

Zaya leva les yeux au ciel avant d'ajouter :

— C'est peut-être pas le moment pour les cours de français.

— Justement si. Tu as d'ailleurs fait de gros progrès et il est indispensable de ne pas te relâcher. Je suis d'accord pour un langage jeune mais correct, ce sera primordial dans ta nouvelle vie.

— Alors que faisons-nous ? demanda Zaya avec un petit sourire coquin.

— Je vais t'expliquer mon plan. Puisque tu peux être émancipée avec l'accord de ta maman, nous allons trouver une personne qui va te prendre sous son aile et s'occuper de toi, ce qui nous permettra d'avoir l'assentiment de ta mère.

Zaya éclata de rire.

— Ah, je délire de nouveau ! Comment veux-tu faire un truc pareil ?

— Magiquement !

— Magiquement ! Oui, bien sûr, c'est évident. Mais même magiquement, je ne vois pas comment tu vas trouver, avec la bénédiction de ma mère une personne qui ne me connaît pas encore, pour s'occuper de moi. Et en plus le jour de Noël !

Le jour de Noël ! Zaya venait de me faire prendre conscience d'une réalité que tous ces événements m'avaient fait oublier. Une soudaine détresse se dessina sans doute sur mon visage, car intriguée Zaya me demanda :

— Ça ne va pas Friza, tu es toute… grise !

— Grise ? Oui sans doute, j'ai eu ce que vous les humains appelleriez un moment de panique.

— Pourquoi ?

— Pourquoi ? Tu me demandes pourquoi, mais je te l'ai déjà dit, je dois impérativement rejoindre le Père Noël.

— Là, je crois que tu rêves ! Tu ne peux pas changer les jours, ni accélérer le temps, ni…

— Stop ! S'il te plaît Zaya, arrête. Tu n'as pas entièrement tort, mais pas tout à fait raison. Prépare-toi comme je te l'ai demandé, pendant ce temps je vais réfléchir calmement.

Je restai seule, profitant de l'absence de Zaya pour élaborer un plan parfait. Plus j'échafaudais ce plan, plus je prenais conscience que je ne pourrai pas rentrer avec le Père Noël. J'avais voulu venir dans le monde des humains pour accomplir une mission, j'allais devoir y rester pour la mener à bien. Et même si j'avais énormément changé depuis ma première rencontre avec la Fée Lumière, l'idée de passer une année complète au milieu des humains ne me rassurait guère. Ma première journée avait été tellement mouvementée que j'imaginais mal en vivre 364 sur le même rythme. Je décidai qu'une profonde méditation s'imposait…

Lorsque la porte de la chambre s'ouvrit sur une Zaya propre, savamment maquillée et vêtue avec goût, ma méditation m'avait ouvert les yeux de l'esprit. Je savais que Charlotte et Zaya n'étaient que les premières pièces d'un puzzle que je devais construire. D'autres enfants m'attendaient sans le savoir encore. Je devrais leur révéler les secrets de leur incarnation et les aider à former la communauté du futur. Zaya serait leur chef et la vie publique qui allait être la sienne servirait elle aussi à rassembler tous ces jeunes.

— Alors ? interrogea Zaya.

— Tu as raison, il me faut du temps, alors je reste. Je vais aller prévenir le Père Noël, puis je reviendrai m'occuper de toi.

— Génial ! s'écria Zaya, tu sais que je commence à être accro à toi. Faut dire qu'une copine fée, ça court pas les rues !

Je souris aux commentaires de Zaya qui, suivant le fil de sa pensée, me lança :

— Si tu te casses pour voir le Père Noël, c'était pas la peine que je me sape comme une bourge. À moins que…

— À moins que quoi ?

— À moins que tu m'emmènes avec toi.

Je réfléchis quelques secondes, pour faire croire à Zaya que ma décision n'était pas déjà prise et lui dis :

— Je ne pense pas que ce soit une bonne idée. Premièrement, j'irai beaucoup plus vite sans toi par la voie des airs. Deuxièmement, la conversation avec le Père Noël risque d'être « chaude » et il vaut mieux que je sois seule pour lui fournir mes explications.

Zaya se mit à rire.

— Pourquoi il est pas commode le Père Noël ? On en apprend tous les jours ! Je croyais que c'était un type cool, son boulot c'est d'être gentil avec les mômes ?

Je souris en levant les yeux au ciel.

— Oui, il est cool avec les enfants, comme tu dis, mais je ne suis pas une enfant et nous avons un contrat ensemble. Il ne va sûrement pas apprécier mes projets. Je te promets de revenir très vite. Même sur cette planète, le temps n'est pas identique pour toi et moi. Je serai de retour dans cinq minutes de ton temps terrestre. Ouvre-moi la fenêtre.

— D'accord.

Et sans laisser à Zaya le temps de réfléchir, je filai dans le ciel étoilé.

Quelques instants plus tard, je me retrouvai dans le parking désaffecté où le Père Noël avait laissé ses rennes en espérant... En espérant quoi ?

En fait je m'étais inconsidérément précipitée dans cet endroit. Les rennes y étaient toujours, broutant nonchalamment l'herbe fabriquée par leur maître, mais il me semblait évident, maintenant que j'étais là que le Père Noël était sans doute encore occupé ailleurs. Si sa mission était terminée en France, il n'en allait pas de même dans d'autres parties du monde.

Qu'allais-je faire ? J'avais promis à Zaya d'être rapidement de retour et malgré la différence de notre espace-temps, je ne pouvais me permettre d'attendre indéfiniment. Sachant comment appeler le Père Noël en cas de nécessité absolue, et pour moi c'en était une, je n'hésitai pas davantage et entrai télépathiquement en contact avec lui...

Dans moins de temps qu'il n'en faut pour le dire, le Père Noël, l'air courroucé, fut devant moi.

— J'aurais parié que tu me dérangerais avant la fin de ma tournée. Le jour se lève dans deux heures et le départ est prévu une demi-heure avant son lever. Tu ne pouvais pas attendre jusque-là ?

Je baissais le nez puis soudain enhardie par les souvenirs de la nuit passée, annonçai avec véhémence.

— Eh bien non, si je me suis permise de vous déranger, c'est qu'il y avait urgence.

— Urgence ? Et en quoi peut-il bien y avoir urgence fillette ?

Je rongeai mon frein et répondis :

— Voilà, j'ai vécu une nuit fort agitée qui m'a définitivement fait comprendre ma mission. Je ne pourrai pas repartir avec vous tout à l'heure et je tenais à vous prévenir immédiatement de ce changement, mon emploi du temps étant terriblement chargé.

Le Père Noël éclata de ce rire qui avait le pouvoir de me faire réaliser que j'étais une idiote.

— Mademoiselle a un emploi du temps chargé! C'est pas beau ça? Et moi je me roule les pouces d'après toi?

— Je me suis sans doute mal exprimée. Croyez que je ne songeais nullement à vous offusquer. Je voulais simplement et cela le plus rapidement possible vous informer, comme je viens d'ailleurs déjà de le faire, de mon désir de demeurer sur Terre.

Le Père Noël se racla la gorge.

— Je vois que tes phrases sont toujours aussi courtes et concises. Tu restes ici?

Je hochai la tête en signe d'approbation et tentai un léger sourire.

— Et tu crois franchement que c'est une grande révélation pour moi?

Je pris un air offusqué, avant d'ajouter:

— C'est évident, nous devions rentrer ensemble et vous n'avez aucune idée de la nuit que j'ai vécue, ni de l'immense travail qui m'attend.

Le Père Noël tordit comiquement sa bouche et dit:

— Toujours aussi modeste à ce que je vois!

— Non point, détrompez-vous, car je suis fort inquiète, vu l'ampleur de ma tâche, d'être capable de la mener à bien et cela dans le temps d'une année terrestre.

Le Père Noël poussa un sifflement admiratif.

— Si je reconnais aisément ton langage, je constate un changement dans ta personnalité et je serais presque tenté de te faire des excuses.

Je soupirai et dis:

— Sincèrement je crois que vous pouvez. Je vous demande de m'accorder un peu de votre précieux temps pour vous narrer les aventures de la nuit.

— Accordé. Je t'écoute.

Sans perdre une seconde, je racontai au Père Noël ma nuit mouvementée et je dois dire qu'à plusieurs reprises, je lus sur son visage une certaine admiration. À la fin de mon récit, il me dit:

— Félicitations petite fée, je connaissais les grandes lignes de ta mission et je dois t'avouer que je ne pensais pas que tu t'en tirerais aussi bien. La Fée Lumière avait raison de te faire confiance, elle savait que malgré tes défauts, ou peut-être qui sait grâce à eux, tu mènerais à bien ton travail. Mais sache que ce travail est loin d'être terminé, je peux même te confier que ce que tu as vécu cette nuit n'en est qu'un échantillon.

Je lui lançai un regard interrogateur.

— Je ne peux t'en dire plus, tu sais comment sont nos lois.

Je hochai la tête en signe d'approbation.

— Je sais, j'ai compris tant de choses au cours de cette soirée. Je ne demande qu'à être à la hauteur et avec ce que vous venez de me dire, je n'en suis pas certaine.

— Ne t'inquiète pas, fais ce que tu peux, le mieux que tu le peux et toutes les aides te seront accordées.

L'interrogation qui se dessina sur mon visage n'échappa pas au Père Noël.

— Ne cherche pas à m'en faire dire davantage, j'en ai déjà trop dit. Nos chemins se séparent pour le moment petite, mais je te donne rendez-vous dans un an au même endroit, une demi-heure avant le lever du jour. Ne m'oublie pas !

— Je ne risque pas de vous oublier !

Le Père Noël pencha la tête, afficha un petit sourire en coin et dit :

— Sait-on jamais ?

Je réagis immédiatement.

— Oh, je vous en prie, le moment est mal choisi pour installer un quelconque doute dans mon esprit.

Le Père Noël rit de bon cœur, comme il savait si bien le faire.

— Pars tranquille, on se reverra dans un an, je te le garantis.

Et sans le laisser terminer sa phrase, j'ajoutai :

— Se revoir… oui. Mais partir avec vous n'est pas chose aussi certaine ?

— Seul l'avenir nous le dira, petite fée.

Je souris, déposai en signe d'adieu, un baiser sur le bout de son gros nez et m'envolai rapidement afin de ne pas me laisser envahir par mes émotions.

Je survolai la banlieue, faisant le vide dans mon esprit pour calmer les battements de mon cœur et retrouvai la tour « infernale » où habitait Zaya. Je rentrai par la fenêtre qu'elle avait laissée entrouverte.

La jeune fille tourna la tête et sourit.

— Tu es déjà revenue ? C'est dingue, j'ai l'impression que tu viens de partir !

— Je te l'avais dit, moins de cinq minutes. La flexibilité du temps te surprend encore, après les aventures de cette nuit, c'est peu de chose.

Zaya hocha la tête.

— Ouais, mais j'ai encore du mal à croire à cette fameuse nuit, alors la flexibilité du temps comme tu dis… !

J'exécutai une pirouette, me posai sur l'épaule de Zaya et continuai à lui parler.

— Vous êtes quand même incroyables les humains ! Vous regardez des films bizarres auxquels vous croyez dur comme fer. Et lorsque vous avez la chance de vivre une nuit fantastique avec une entité d'un autre monde, le doute le plus absolu s'empare de votre esprit.

Zaya m'écoutait en ouvrant ses grands yeux qu'elle cligna plusieurs fois avant de me répondre :

— T'as raison, on est une race spéciale ! Et tu crois que dans l'univers, y en a des plus spéciaux que nous ?

Je réfléchis un instant, sachant que mes réponses seraient de la plus haute importance. Je prenais totalement conscience du rôle d'éducatrice qui allait être le mien pour l'année à venir.

— Il y a des races différentes dans d'autres systèmes solaires et sur d'autres plans de conscience. Tu peux être certaine que vous n'êtes pas les seules entités pensantes de l'univers. Ne suis-je pas la preuve vivante de ce que je te dis ? À savoir s'ils sont plus spéciaux que les humains, tout dépend de ce que l'on entend par spéciaux. Je dirais que les humains ont cette particularité, malgré leurs innombrables défauts, d'être très attachants. Un peu… comme des enfants ! Voilà c'est cela, vous êtes des enfants, vous croyez tout savoir, tout pouvoir alors qu'il n'en est rien.

Zaya émit un petit sifflement admiratif.

— Je ne t'ai jamais entendue parler aussi longtemps et en plus t'es pas con !

— Merci du compliment, mes explications te conviennent-elles ?

— Ça va pour l'instant, mais j'pense que j'aurai encore plein de questions à te poser.

— Parfait, nous aurons tout le temps nécessaire. Pour l'instant je dois trouver la personne qui va venir voir ta maman pour lui parler de ton avenir.

Zaya, la bouche et les yeux ronds, me regardait d'un air ahuri. Elle émit un petit bruit curieux avec sa langue, avant de dire :

— Ah !

— C'est tout ce que tu as trouvé, pour une fois c'est peu.

Zaya se ressaisit.

— Ben je vois pas ce que je pourrais trouver à dire à un truc aussi dingue.

Je m'exclamai :

— Tu me fatigues Zaya, sincèrement tu me fatigues. Quand vas-tu comprendre que je peux faire, si besoin est, des choses qui ne font pas partie de quotidien des humains ?

Zaya baissa la tête.

— Oh ça va, t'énerve pas. Tu crois que c'est facile pour moi de m'habituer à ce que je vis depuis cette nuit ?

Je renchéris de plus belle.

— En te droguant, ne recherchais-tu pas des sensations fortes ? Tu les as trouvées et sans danger pour ta santé, alors sois contente.

— Ok, tu marques un point. Alors comment vas-tu faire ?

Avant de parler, j'émis un soupir à fendre les ailes d'une fée de glace, car mon idée, je dois bien l'avouer, était assez folle même pour moi.

— Je vais te laisser jusqu'à midi.

Zaya eut un petit rire de gorge.

— Laisse-moi continuer, veux-tu ? Je te demande de préparer ta mère à la venue d'une personne de qualité que tu connais et qui désire faire sa connaissance pour lui faire part de projets te concernant.

Zaya éclata de rire.

— Une personne de qualité ! Tu connais pas ma mère toi ! Elle va jamais gober un truc pareil, pour elle je connais que des nuls.

— Eh bien, débrouille-toi pour lui faire « gober » comme tu dis. Je pense que tu as souvent dû lui faire croire des mensonges, alors pour une fois ce sera pour une bonne cause.

— Et tu vas la trouver où ta personne de qualité, un jour de Noël ?

— Ça c'est mon affaire, Zaya. Tu prépares le terrain, tu expliques à ta maman que cette personne est très occupée et qu'elle voyage beaucoup. Se trouvant précisément à Paris aujourd'hui, elle veut en profiter, bien que ce soit Noël, pour la rencontrer et lui parler de ton avenir.

Zaya était médusée, elle me regardait avec un air totalement incrédule.

— Je t'en prie, ne fais pas cette tête.

Zaya s'emporta et s'écria :

— Mais comment veux-tu que j'arrive à lui faire croire une histoire pareille. Je la connais, elle va s'énerver, me traiter de menteuse et partir chez sa copine pour se lamenter, pleurer et s'arracher les cheveux d'avoir une fille comme moi.

Je souris et dans un geste d'apaisement, je frottai le nez de Zaya du bout de mon aile.

— Elle te croira si tu me crois.

Zaya haussa les sourcils.

— Si tu me fais confiance, si tu crois fermement que je suis la clef de ton avenir, alors tes paroles auront la force nécessaire pour la convaincre. Ton destin est entre tes mains, je n'en suis que l'instrument. Tu dois honorer ta part du marché.

Zaya m'écoutait avec le plus grand sérieux. Un sourire se dessina bientôt sur ses lèvres et elle me dit :

— T'as raison, il faut pas seulement rêver. Il faut se donner les moyens de réaliser ses rêves et c'est déjà trop cool de t'avoir rencontrée, alors je saurai la convaincre. Tu peux compter sur moi.

Je poussai un petit gloussement de contentement et ajoutai :

— À présent je vais te laisser, même avec la magie j'ai peu de temps devant moi. À midi une personne sonnera à votre porte.

Zaya m'interrompit :

— Comment je saurai que c'est la bonne personne ?

— Je pense qu'elle n'aura pas vraiment le style du coin et dans ton cœur tu la reconnaîtras.

— Ce sera une nana j'espère, parce qu'un mec avec ma mère, ça sera carrément galère.

— Je ne sais pas. Je vais laisser mon intuition me conduire vers la personne qui conviendra le mieux. Et s'il le faut j'arrangerai ce qui devra l'être !

L'étonnement se dessina sur le visage de Zaya, puis paraissant me faire une totale confiance elle sourit, embrassa le bout de son index et déposa délicatement ce baiser sur ma joue.

Touchée par cette marque d'affection, j'effleurai ses cheveux de mes ailes et déposai à mon tour deux baisers sur ses joues. Puis avec un clin d'œil je m'envolai.

Quelques minutes après, je me trouvais dans les beaux quartiers parisiens, là où j'avais commencé ma nuit. Je me posai sur la pointe d'un sapin magnifiquement décoré et au milieu de toutes ces lumières, je songeai à la façon dont j'allais procéder pour trouver la personne capable d'aider Zaya. Je compris rapidement que mes réflexions ne mèneraient à rien, c'était au plus profond de moi que je devais trouver la clef. Je me retirai de ce monde trépidant et en un instant retrouvai au cœur de mon être le pays des fées. Voguant dans cet univers familier, je découvris les réponses à mes interrogations et la meilleure manière de procéder.

Si courte que fût cette incursion dans mon élément naturel, il m'apporta la paix et la compréhension dont j'avais besoin. Ces humains, que j'avais tellement voulu approcher et pour qui j'avais une grande tendresse, étaient parfois si difficiles à saisir et à satisfaire.

Guidée à présent par une pure intuition, je m'envolai pour me poser quelques rues plus loin, sur le bord d'un balcon en fer forgé. Une porte-fenêtre légèrement ouverte me permit d'entrer sans le moindre souci dans une demeure aussi élégamment décorée que l'appartement de Charlotte.

Au comble de la joie, je virevoltais un peu dans ce lieu qui me ravissait, avant de m'installer sur un fauteuil, cent fois trop grand pour moi, mais recouvert d'un chintz qui allait à ravir à mon teint.

L'homme qui habitait cet hôtel particulier possédait des galeries d'art dans plusieurs pays et avait une solide réputation de mécène. Je devais le convaincre d'aider Zaya, mais hors du pays des fées, le scénario que j'avais imaginé me semblait, au fur et à mesure que le temps passait, de plus en plus difficile à réaliser.

Je ne devais pas me poser de questions, seule l'action pouvait briser le doute et à regret je me levai pour chercher ce personnage qui devait, du moins je l'espérais, être déjà levé.

Mon espoir fut de courte durée. Au bout d'un long couloir, je poussai une porte derrière laquelle me parvenaient des bruits bizarres. Une fois à l'intérieur de la pièce, un mélange de sifflements, de grognements et de gargouillis m'interpella. Mes yeux s'habituant à la pénombre, je vis dans un beau lit capitonné la forme qui émettait tous ces bruits. Comme je m'approchai, il se retourna en rejetant une partie de ses couvertures et je vis que la forme en question était un très bel homme, celui-là même que j'étais venue rencontrer.

Comment un homme beau et raffiné pouvait-il émettre de tels borborygmes ? Les humains étaient décidément très particuliers !

Je posai ma petite personne sur la table de nuit en bois de rose et le regardai dormir tout en peaufinant ma tactique d'approche. Un bref coup d'œil sur le réveil qui indiquait 6 h 30 me fit réaliser que j'avais un peu de temps devant moi avant que mon futur partenaire sorte des bras de Morphée.

Je décidai de m'installer confortablement sur un ravissant carré en satin agréablement rembourré et délicieusement parfumé à la lavande pour prendre un repos que je jugeais bien mérité.

Mon délassement me sembla de courte durée. Un son épouvantable me réveilla en sursaut et j'évitai de justesse la main qui s'abattit sur le responsable de cette stridulation, le réveil qui était juste au-dessus de moi et qui indiquait… Neuf heures ! Comment aurai-je pu imaginer qu'il se lèverait aussi tardivement ! Sous le coup de l'émotion, je cédai à un instant de panique. Allais-je avoir le temps nécessaire pour convaincre cet homme de m'aider ?

Je le vis se lever et se diriger vers la salle de bain. Sans hésiter une seconde je le suivis dans ce lieu que je trouvais d'un extrême raffinement.

Le sol et les murs étaient recouverts d'un marbre légèrement rosé, des meubles en acajou servaient d'écrin au lavabo et à la baignoire eux aussi en marbre. De très beaux flacons en cristal côtoyaient peignes en argent et moelleuses serviettes marquées aux initiales du maître de maison. Je m'installai sur l'une d'elle face à un grand miroir moderne d'où sortaient des spots de lumière pour rassembler mes esprits après ce brutal réveil. Mon premier travail serait de capter l'attention de cet homme. Je savais qu'il possédait une grande sensibilité artistique, dessinant à merveille, il était aussi un excellent pianiste. Mais entrer en contact avec un adulte, mâle de surcroît, n'allait pas être chose aisée et le temps humain qui s'écoulait devenait mon pire ennemi. Je ne pouvais manquer à la promesse que j'avais faite à Zaya, il fallait que je sois chez elle à midi. Je fixai machinalement la glace lorsque l'image de l'homme apparut dedans. Je compris aussitôt que c'était la chance à saisir. Le miroir allait me servir pour capter son esprit. Je me levai et dirigeai toutes mes énergies sur ses yeux qui se reflétaient dans la glace.

Hélas son regard était sans cesse en mouvement, il avait étalé une mousse blanche sur son visage et avec un objet tranchant il essayait de l'enlever. Je ne comprenais pas très bien le but de cette opération et ma concentration m'empêchait de chercher une explication dans les souvenirs de mon initiation.

J'attendis patiemment la fin, sans pour autant relâcher ma concentration. Lorsqu'il eut terminé, il s'approcha du miroir et y observa son visage. Ma tension était à son maximum et je vis qu'il ne pouvait plus détacher son regard de la surface polie. Sans la moindre hésitation, j'entrai dans le miroir et me projetai dans ses yeux.

Le choc fut terrible pour lui et il recula en posant la main sur son cœur, chercha un siège du regard et tomba dessus en haletant.

Sans perdre une minute, je sortis du miroir et voletai devant ses yeux ébahis en faisant de grands battements d'ailes pour continuer à capter son attention.

— Ouh, ouh ! Monsieur s'il vous plaît !

La main toujours sur le cœur, il me regardait fixement et je crus un instant lui avoir provoqué une crise cardiaque. Employant les grands moyens, j'exécutai un de mes fantastiques sauts périlleux et dans la foulée lui martelai le nez de violents coups de poings pendant une minute.

Épuisée par cet entraînement de boxe, je vis qu'il clignait enfin des yeux, il recula légèrement et leva la main vers moi tout en gardant un air que je qualifierai d'abruti.

Je soufflai bruyamment et me laissai tomber dans le creux de sa main en prenant soin de m'accrocher fermement à un de ses doigts.

— Vous sentez-vous mieux ?

Il hocha bêtement la tête.

— Je sais ce que vous pensez et permettez-moi de dissiper immédiatement tout malentendu. Vous ne rêvez pas, vous n'êtes pas fou, vous n'avez pas bu, bref tout est normal.

Vu sa tête, j'étais bien la seule à trouver la situation normale. Je me doutais des difficultés que je rencontrerais pour entrer en contact avec un adulte, mais je n'imaginais pas une fois ce contact établi, qu'il en perdrait la parole, voire même l'esprit puisque tout à coup il se mit à rire comme le dernier des idiots. Je réagis sans perdre une seconde en lui coupant légèrement le doigt d'un coup d'aile.

Il sursauta, regarda le sang couler avec un air encore plus ahuri, avant de hurler en se levant d'un bond. J'eus un mal fou à me cramponner à son majeur et je criai de toutes mes forces pendant qu'il enveloppait son doigt dans un mouchoir en papier blanc.

— Asseyez-vous et cessez de hurler. Souffrez au moins que je vous donne une explication.

Je ne sais ce qui provoqua un déclic chez lui, mais soudain il redevint normal et reprit sa place sur le siège qu'il venait de quitter.

Exhalant un soupir de soulagement, je commençai mes explications.

— Comme je viens de vous le dire, vous êtes dans votre état normal, même si j'en conviens, la situation a pour un humain un caractère quelque peu incongru.

Un pâle sourire se dessina sur ses lèvres et je continuai.

— Je vais essayer d'être brève, car j'ai fort peu de temps devant moi. En premier lieu, permettez que je me présente. J'ai pour nom Friza et je suis une fée de glace, exceptionnellement dépêchée dans le monde des humains pour…

Je marquai un temps d'arrêt, cherchant la meilleure explication.

— Pour… Bon… Je vais vous expliquer tout depuis le début, sinon vous risqueriez de ne pas comprendre.

Je lui racontai mon aventure depuis le pays des glaces jusqu'à mon arrivée chez lui en espérant que cela ne provoquerait pas un nouveau choc. Contre toute attente, mes explications lui rendirent des couleurs et une lumière intelligente dans le regard. Une fois mon récit terminé, je m'envolai et tombai épuisée sur les serviettes de toilette dont j'avais déjà goûté le formidable moelleux.

Toujours assis, il mit sa main devant sa bouche, appuya son menton dans la paume et me regarda me prélasser. Je vis une onde de joie passer dans ses yeux, puis il se leva, s'approcha du lavabo où j'étais et me dit :

— Bienvenue chez moi Mademoiselle Friza, je me nomme David.

Surprise de la tournure que prenaient les événements, je lui demandai :

— Êtes-vous certain d'être… parfaitement bien ? Vous avez totalement enregistré ce que je vous ai expliqué et vous êtes conscient de ne pas rêver.

Il me sourit et précisa :

— Oui, soyez sans crainte. Le premier choc passé, je suis ravi d'avoir le privilège de m'entretenir avec une fée et j'ai toute ma raison.

Je gardai un air septique.

— À mon tour de vous parler un peu de moi. Vous m'avez confié que la plus pure des intuitions vous avait menée vers moi.

Je hochai la tête en signe d'assentiment et il continua :

— Vous conviendrez donc que cette intuition ne peut être fausse.

— J'en conviens.

Il sourit et raconta :

— Je viens d'une région où la croyance aux fées est inscrite dans de nombreux lieux. Mon enfance a été bercée par ces légendes qui se transmettent de génération en génération. Plusieurs personnes de ma famille avaient un don de voyance et bien que je ne sois pas la fille désirée, ma grand-mère m'a dévoilé quelques arcanes de magie. Vous avez frappé à la bonne porte et si j'ai bien tout compris, je dois rapidement vous accompagner pour découvrir un nouveau talent.

J'étais folle de joie à la pensée d'avoir trouvé la personne qui allait m'aider.

— Vous me voyez ravie de cette future collaboration. Je vais vous laisser vous préparer et nous partirons dès que possible.

— Donnez-moi un petit quart d'heure et je serai prêt à vous suivre.

Battant des ailes, je le laissai dans sa salle de bains et rejoignis la chambre où je savais pouvoir me délasser. Je choisis de me prélasser sur un coussin de velours rebrodé de fines perles de verre, bien décidée à profiter au maximum de ce moment de détente.

Quinze minutes plus tard, je vis David sortir de la salle de bains très élégamment habillé et fleurant bon le citron et le vétiver. Il s'adressa à moi en souriant.

— Je pense que nous allons nous rendre chez votre amie par un moyen de locomotion humain.

— Je crois que nous n'avons pas le choix, je vous imagine mal en train de voler à mes côtés.

Il rit de bon cœur et me demanda :

— Préférez-vous vous installer sur mon épaule, dans une des poches ou voleter près de moi ?

Je réfléchis un court instant avant de répondre :

— M'installer sur votre épaule, si vous ne marchez pas trop vite, serait une expérience intéressante.

— Alors affaire conclue. Nous allons descendre au sous-sol chercher ma voiture et le trajet nous permettra de peaufiner notre stratégie pour « enlever » votre jeune amie.

Tranquillement assise sur l'épaule de David, je pénétrai dans ce que les humains nomment un ascenseur. Il pressa négligemment sur un bouton et… Je m'accrochai inopinément après le col de sa veste dans une inqualifiable position. Les jambes en l'air, les ailes à l'horizontale et la tête enfuie dans le tissu. Enfin cette horrible boîte s'immobilisa et je repris mon équilibre. David me regarda en riant.

— Les inventions humaines ne sont peut-être pas parfaites pour une fée !

Un souffle s'échappa de mes lèvres :

— Oh, cet engin est épouvantable ! Le monde des humains ne cessera jamais de m'étonner. Mais prévenue, j'aurais évité de me retrouver dans une position aussi inconfortable.

David afficha un air contrit et me murmura :

— Je suis désolé Friza. J'aurais dû vous mettre en garde et je vous promets à l'avenir de vous expliquer notre technologie.

— Je vous en remercie. En fait je connais votre civilisation, j'ai parfaitement assimilé la théorie, mais la pratique n'en reste pas moins délicate à expérimenter.

Nous étions à présent sortis de cette infernale cabine et nous nous dirigeâmes vers sa voiture. Il l'ouvrit grâce à une petite boîte qui émit un curieux son, s'installa derrière une chose ronde et tira une ceinture qu'il attacha sur le devant de son corps. J'avais déjà vu des voitures, je les avais même suivies en volant, mais c'était la première fois que je me trouvais dans l'une d'elles. Il tourna une clef, un vrombissement emplit l'espace et il démarra en me disant :

— Ceci est une automobile, c'est pratique, rapide, mais peut-être un peu bruyant pour vous.

— Pas de problème, roulez ! dis-je avec un clin d'œil complice

Une fois à l'extérieur du parking, bien installée sur l'épaule de David, une aile délicatement appuyée sur son cou, j'admirai ce Paris, que j'avais tellement voulu découvrir. Le panorama, en plein jour et depuis une voiture, était totalement différent de celui que j'avais pu avoir cette nuit dans les airs. Les lumières étaient éteintes, un pâle soleil hivernal éclairait la rue. David tourna à droite pour prendre une magnifique avenue et je compris immédiatement que nous allions remonter les Champs-Élysées.

Mon rêve se réalisait, moi Friza, petite fée de glace, j'étais sur la plus belle avenue du monde. J'écarquillai les yeux ne voulant pas perdre une miette du spectacle. Derrière moi, sur la place de la

Concorde se dressait l'obélisque dont les hiéroglyphes rappelaient l'Égypte. Boutiques de luxe, cinémas, théâtres, Petit et Grand Palais s'offraient à mes yeux émerveillés. Au fur et à mesure je voyais l'Arc de Triomphe se rapprocher, bientôt nous fûmes place de l'Étoile et David s'engagea dans une avenue parmi les douze qui partaient du rond-point. Il me tira de ma contemplation en me demandant :

— Vous ne m'avez pas encore dit comment vous comptiez procéder pour convaincre la maman de votre petite protégée.

Je sursautai et à regret j'allais m'établir sur le tableau de bord.

— Bien que moins confortable que votre personne, je pense que je serai mieux ici pour vous expliquer mon plan.

— À votre guise Mademoiselle Friza, dit-il en souriant.

Mes ailes frémirent de plaisir. Cet humain était vraiment très agréable et je ne pus m'empêcher de le lui dire :

— Vous me comblez d'aise David et vous auriez charmé la fée Cristal.

Une mimique interrogative se dessina sur son visage.

— La fée Cristal a été mon mentor, je lui dois mon éducation et ce furieux désir de quitter mon monde pour découvrir Paris. Mais elle était d'une autre époque et aurait été horrifiée par certaines personnes que j'ai rencontrées. Enfin comme souvent, je m'égare.

Un très beau sourire fleurit sur ses lèvres.

— Je vous laisse continuer, dit-il avec un air coquin.

— Grand merci, je vais donc vous faire part de mon plan. Comme je vous l'ai déjà expliqué, Zaya est une jeune fille très talentueuse. Ses dessins sont d'une grande finesse, ils allient une extrême précision et une grande créativité. Sa peinture est riche, mouvante, colorée, je suis persuadée que vous allez adorer. Il faut qu'elle puisse continuer des études artistiques et peindre à sa guise. Dans de bonnes conditions, elle a le potentiel pour faire sa première exposition dans les deux ans.

David émit un sifflement admiratif.

— Je vois que le domaine de l'art n'a aucun secret pour vous.

Je baissai la tête en disant :

— Je n'y connais rien, mais je sais voir un vrai talent. Qui plus est, je suis une fée et la sensibilité artistique est inhérente à ma race…

Je marquai une pause et toussotai.

— Enfin à la race des fées... Mais même une fée de glace, quoi qu'en disent certains esprits chagrins, est apte à capter l'art.

David sourit.

— Je ne mets pas en doute votre sensibilité. Vous êtes certes ma première fée et je ne peux pas faire de comparaison, mais je vous trouve absolument adorable et votre récit m'a fasciné. Vous êtes une grande aventurière alliant le courage et la sensibilité.

Je rougis de la tête aux ailes.

— Oh David, personne ne m'avait jamais fait un tel compliment. Vous m'en voyez bouleversée.

Nous avions quitté Paris et nous étions sur le périphérique, un endroit épouvantable à mon goût, où les voitures roulaient à vive allure et menaçaient sans cesse de vous rentrer dedans.

Bientôt David prit une bretelle et se dirigea vers la banlieue où nous devions retrouver Zaya. Il me fallait terminer rapidement l'explication de mon plan.

— Après cet intermède agréable sur les qualités inhérentes à ma petite personne, je dois continuer à vous exposer mon idée.

— Tout à fait, car nous n'allons pas tarder à arriver et je dois pouvoir me mettre dans la peau du personnage que vous avez imaginé.

— En fait, ce n'est pas vous qui allez devoir jouer un rôle. C'est moi !

David me jeta un regard interloqué.

Je soupirai et me décidai à lui donner enfin la totalité du scénario que j'avais mis au point.

— Il vous suffira d'être vous. Un expert en art, possédant plusieurs galeries dans le monde et fondateur d'une école. Vous avez par l'intermédiaire de votre femme, qui s'occupe de dénicher de nouveaux talents, entendu parler de Zaya et désirez voir ses œuvres. Vous vous excuserez de venir le jour de Noël en prétextant votre départ pour New York demain.

David me regardait, la bouche entrouverte et les yeux rieurs.

— Je dois effectivement prendre l'avion demain, pour le reste quelle imagination, mademoiselle Friza ! Malheureusement je ne suis pas marié et je ne vois personne dans l'immédiat pouvant tenir ce rôle.

Je souris, lui fis une des révérences dont j'avais le secret et affirmai :

— Si une personne peut tenir ce rôle... Moi.

David s'étrangla, toussa et ralentit. Il bifurqua vers une aire de stationnement, se gara et tournant vers moi un visage ébahi, balbutia :

— Vous ! Mais sans vouloir vous vexer, comment pensez-vous être crédible ?

— N'oubliez pas que je suis une fée. Dès que nous serons arrivés dans l'immeuble de Zaya, je me transformerai en femme. Hélas cette transformation ne pourra durer et nous devrons faire preuve d'une grande persuasion dans un laps de temps relativement court.

— Qu'entendez-vous par relativement court ?

Je me raclai discrètement la gorge.

— En vérité... Je n'ai pratiqué cette transformation qu'une seule fois pour sauver Zaya du démon. J'ai dû rester dans la forme humaine une dizaine de minutes et il est vrai que je ressentais l'impérieux besoin de revenir à mon état de fée.

David eut l'air navré et je m'empressai de le rassurer.

— L'énergie dépensée était énorme, c'était pendant une lutte contre les forces démoniaques. Vous ne pouvez pas imaginer ce que cela représente. Je devais sauver Zaya des griffes de ce monstre, j'étais déjà affaiblie par le combat que je venais de mener lorsque j'ai pris une apparence humaine. Je suis certaine que cette fois je pourrai tenir une demi-heure.

— Une demi-heure, marmonna David d'un air songeur. Pensez-vous que cela suffise pour convaincre la maman de cette jeune fille.

Je n'étais pas certaine de ce que j'avançais, mais je ne devais pas montrer la moindre hésitation. David devait avoir confiance en moi, il serait ma force sans le savoir.

— Il le faudra. Nous n'avons pas le choix. Zaya a préparé le terrain depuis ce matin, je suis certaine que nous y arriverons. Nous savons qu'il nous faut jouer une pièce en trente minutes et que cette pièce doit être un succès. C'est un défi, je vous l'accorde, mais je suis persuadée que vous les aimez.

David sourit et dodelina comiquement de la tête.

— Vous avez raison Friza, les défis ne sont pas pour me déplaire et je dois dire que celui-ci sera le plus original qu'il m'ait été donné de relever.

Sur cette dernière phrase, David redémarra. Je profitai des quelques kilomètres qui nous séparaient encore de la cité pour terminer l'explication de mon plan.

David se gara sur le parking qui longeait la tour infernale. Profitant de la moindre seconde de repos, je me glissai dans sa poche pour gagner l'entrée. Zaya habitant au deuxième étage, il n'était pas nécessaire de prendre l'horrible machine empruntée dans l'immeuble de David. Cependant je pensais tout à coup que c'était l'endroit idéal pour me changer en femme et sortant de la veste de mon compagnon, je lui dis :

— Prenons l'ascenseur, je me transformerai à l'intérieur.

— Je suis aux ordres de Mademoiselle.

Je pouffai dans mon aile en pensant qu'il serait très agréable d'être la femme de ce gentleman pendant une demi-heure.

Une fois dans la cabine, je m'agrippai fortement après le tissu de sa veste et respirai profondément. David poussa le bouton qui indiquait le deuxième étage. Lorsque nous fûmes arrivés, je lui demandai de maintenir l'ascenseur fermé, de rester silencieux et les yeux fermés, le temps nécessaire à ma transformation.

Je me concentrai et récitai mentalement les formules correspondant exactement à la femme que je voulais être. Ma métamorphose n'engendra pas les mêmes souffrances que la première fois. Mon corps sans doute habitué, les conditions beaucoup moins stressantes et le développement de mes capacités firent que je ne subis que quelques tiraillements supportables. En quelques secondes la magie avait opéré et je demandai à David d'ouvrir les yeux et la porte de l'ascenseur, le temps nous étant à présent compté.

Il obtempéra, mais ne put, une fois ses yeux ouverts, retenir une exclamation de surprise.

— Friza ! Est-ce vous ?

— Absolument et je crois être la femme qui vous correspond parfaitement.

LA FÉE DE GLACE

— Tout à fait, mais votre métamorphose est tellement...
Impressionnante !

David avait maintenant devant lui une jeune femme de trente ans, grande, mince, habillée dans le style sport chic. Elle avait de superbes cheveux blonds, des yeux violets et des jambes à n'en plus finir qui feraient fondre plus d'un homme.

David avala lentement sa salive et déclara :

— Vous êtes magnifique Friza et je suis très heureux de vous avoir pour femme pendant... une demi-heure !

Nous rîmes de concert et je sonnai chez Zaya sans plus attendre.

Une femme qui avait dû être belle avant de s'être empâtée nous ouvrit la porte. Elle portait une robe d'intérieur orientale défraîchie et nous regarda de la tête aux pieds en écarquillant les yeux. Je ne lui laissai pas le temps de prononcer un seul mot.

— Madame Rachid ! Comme je suis heureuse de faire enfin votre connaissance. Zaya m'a tellement parlé de vous. Mais excusez mes manières et permettez que je me présente. Je m'appelle Friza de Grandpierre et voici mon mari David. Nous sommes désolés de vous importuner le jour de Noël, mais comme vous l'a sans doute expliqué Zaya, mon mari n'est de passage à Paris que pour quelques jours, en fait il repart pour New York demain. Et je ne pouvais le laisser partir sans lui avoir fait rencontrer votre fille.

Madame Rachid pensa qu'elle avait des amies capables de débiter un énorme flot de paroles sans reprendre leur respiration, mais la femme qui se tenait devant elle venait de battre tous les records !

Elle nous regardait d'un air mi-curieux, mi-suspect et n'avait encore rien trouvé à répondre quand Zaya surgit derrière elle.

La jeune fille avait eu beaucoup de mal à contrôler un énorme fou rire dès qu'elle m'avait entendue parler. En effet dans ma métamorphose j'avais gardé mes yeux, mes cheveux et... ma voix.

Elle prit la parole avant que sa mère n'ouvre la bouche.

— Oh Madame de Grandpierre, quelle joie de vous voir ici ! Mais ne restez pas ainsi sur le palier, donnez-vous la peine d'entrer.

Madame Rachid se tourna vers sa fille, presque plus décontenancée par ses paroles que par notre arrivée.

Profitant de la stupeur de la brave dame, j'entrai dans l'appartement, suivie de David et refermai la porte derrière nous.

Madame Rachid sortit enfin de sa stupeur pour demander :

— Vous connaissez Zaya ?

— Mais Maman, ce sont les personnes dont je te parle depuis ce matin.

Madame Rachid foudroya sa fille du regard.

— Ah ma fille, pour causer, tu causes. Tu me saoules de paroles, tu me racontes tellement d'histoires, la moitié je ne m'en souviens pas. C'est vrai depuis ce matin tu me tournes autour en me parlant de gens qui vont venir, mais comment je pouvais te croire ?

Zaya leva les yeux au ciel et sarcastique précisa :

— Évidemment tu ne me crois jamais. Tu penses que je ne fréquente que des nuls ! Voilà la preuve vivante de ton erreur ! J'ose espérer qu'à l'avenir, tu prendras davantage en considération ce que je te dis.

Cette fois, c'était à mon tour d'être sidérée et je me mordis la joue pour ne pas rire avant de reprendre la parole.

— Chère Madame, vous savez comment les adolescents sont fougueux. Et tout cela est de ma faute, j'avais tellement de choses à organiser pendant ces derniers jours que je n'ai pu téléphoner à Zaya qu'hier.

Madame Rachid se tourna vers Zaya.

— Téléphoner ? ! Je croyais que tu avais perdu ton portable !

Zaya se racla la gorge.

— Ben non, euh… Son regard croisa le mien.

— En fait, j'ai eu l'incroyable chance de le retrouver. Je l'avais négligemment laissé… chez le Turc… qui fait des kebabs.

— Le Turc qui fait des kebabs ! Et bien sûr qui fait des kebabs ! Tu prendrais pas ta mère pour une idiote des fois !

— Non Maman, en fait c'était pour… Pour monsieur et madame de Grandpierre, pour leur expliquer un peu le quartier.

Sentant que Zaya perdait pied et voyant le temps passer, je décidai de reprendre la situation en main.

— C'est très gentil à toi Zaya de nous parler de ton quartier, mais comme tu le sais nous sommes débordés et il serait bon que nous puissions discuter du sujet qui a motivé notre visite.

Madame Rachid, prise entre deux feux, semblait totalement perdue et je m'approchai d'elle afin de la mettre en confiance. En touchant son bras, je déposai sur sa peau une imperceptible substance magique que j'avais heureusement prévue d'emporter.

Un sourire fleurit sur ses lèvres et elle sembla dès lors ne plus se poser autant de questions. Elle nous invita à prendre place sur un joli canapé bas qui longeait deux des murs du salon en disant à Zaya :

— Ma fille, va nous faire du thé. À moins que ces messieurs dames préfèrent autre chose ?

Ne voulant pas perdre plus de temps, j'intervins :

— Un thé sera parfait et en attendant nous pouvons commencer à parler de l'avenir de Zaya.

Madame Rachid se tourna vers moi.

— Vous êtes bien impatiente ! Elle ne va pas s'envoler, va ! Rien ne presse.

Un vent de panique passa sur moi et câline je m'approchai de la maman de Zaya.

— Ce n'est nullement de l'impatience, mais voyez-vous chère Madame, nous avons des vies tellement chronométrées ! Nous aimerions pouvoir prendre du temps et vivre comme vous dans le calme.

Madame Rachid sursauta.

— Dans le calme ici ! Pauvre petite, vous rêvez ! Y a que du bruit, la musique, les cris des gosses, les cris des mères, parce que vous savez pas ce que c'est que d'élever des enfants par ici ! Les vôtres sont sûrement dans une belle école, avec des copains corrects. Ah, ce n'est pas facile d'éduquer des enfants dans cette zone, si je vous racontais…

Sans perdre une seconde, je sautai sur l'occasion, au moment même où Zaya revenait de la cuisine avec le thé.

— Chère Madame, je n'ai pas d'enfants, mais j'imagine sans peine les difficultés que peuvent rencontrer les jeunes de ce quartier pour réussir.

— Ouh réussir, déjà trouver un emploi, ce serait bien !

J'espérais que cette aimable femme n'allait pas me couper la parole à tout instant. Le temps filait et je risquais de me retrouver très vite dans ma forme naturelle, c'est-à-dire invisible pour elle. Ce qui ne manquerait pas de poser un sérieux problème ! Je continuai mes explications sans reprendre mon souffle une seule seconde.

— Je comprends, voilà pourquoi Zaya doit saisir la chance qui s'offre à elle. Vous devez accepter les propositions que nous sommes venus vous faire. Des propositions en or, Madame Rachid !

Zaya intervint.

— Maman je t'ai déjà parlé de ces propositions ce matin.

— Zaya, je t'ai dit que je n'avais rien compris à ton charabia, alors laisse parler la dame.

Je souris et me décidai à conclure :

— Votre fille a du talent, beaucoup de talent et les véritables talents sont rares. C'est pourquoi mon mari et moi avons décidé de lui donner sa chance. Si vous acceptez de nous confier Zaya, nous l'inscrirons dans une école d'art, elle sera en contact avec d'autres artistes et voyagera avec nous, ce qui lui permettra de parfaire son art. Vous n'aurez pas un centime à débourser, nous nous occuperons entièrement d'elle.

L'air ébahi de Madame Rachid se transforma bientôt en un sourire ironique.

— Vous croyez que je vais avaler tout cela !

Zaya s'exclama :

— Maman, j't'en prie !

— De quoi tu me pries, de te laisser partir avec des étrangers qui vont peut-être te mettre sur le trottoir, je sais pas moi !

— Maman, tu veux vraiment gâcher ma vie !

David intervint :

— Mesdames, un peu de calme. Ma femme est extrêmement passionnée et adore le travail de Zaya. Mais je comprends vos réticences, nous arrivons chez vous le jour de Noël et nous vous noyons sous un flot de paroles. Permettez que je vous montre tout d'abord mon passeport, des photos de mes galeries de Paris, New York et Tokyo, les nombreuses coupures de presse qui mentionnent mes différents mécénats dont l'école d'art.

Tout en parlant David avait étalé devant madame Rachid les documents dont il faisait mention.

Intéressée et fascinée par ce qu'elle découvrait, elle prêtait à présent une oreille des plus attentives et David continua :

— Il y a tout un dossier à remplir pour faire admettre votre fille dans cette école. Une nouvelle cession débute en janvier et je tiens à ce qu'elle l'intègre. Je pars demain pour New York, mais ma femme reste à Paris et pourra s'occuper de Zaya en attendant qu'elle ait une chambre dans cette école où vous pourrez venir la voir. Janvier est dans une semaine et je ne serai de retour que dans un mois, voilà pourquoi nous devons vous faire remplir les papiers d'admission dès aujourd'hui.

Madame Rachid était sous le charme de David. Je me demandais à quoi me servait d'être une fée si un simple humain avait un tel pouvoir. D'un autre côté, j'en étais ravie, car le temps passait et je commençais à me sentir mal. J'allais redevenir une fée de glace dans quelques minutes et il fallait absolument que je m'isole. La panique s'emparant de moi, je me raclai fort peu élégamment la gorge pour attirer l'attention.

Toutes les têtes se tournèrent vers moi, certaines plus affolées que d'autres. Madame Rachid prit la parole :

— Vous ne vous sentez pas bien ? Ma pauvre, vous êtes presque grise !

Zaya se précipita sur moi et je trouvais la force de dire :

— J'ai mal au cœur, je voudrais juste aller aux toilettes, je crois que… je suis enceinte.

David s'étrangla, Zaya m'empoigna par le bras pendant que madame Rachid s'exclamait :

— Félicitations, Monsieur David, c'est une merveilleuse nouvelle. Mais vous n'avez pas l'air d'être au courant ?

David émit un petit rire bête.

— Effectivement, je pense que ma femme voulait en être certaine et me faire la surprise à mon retour de New York.

— Eh bien si vous voulez mon avis, avec la mine qu'elle a, c'est du sûr à 100 %.

David hocha la tête et balbutia :

— C'est merveilleux et… tellement inattendu !

117

Pendant ce temps dans les toilettes, j'étais redevenue une fée et Zaya tournait en rond pour essayer de se calmer.

— Qu'est-ce qu'on va faire ?

— D'abord te calmer. Il me faut de la tranquillité et un peu de temps pour pouvoir à nouveau me métamorphoser.

— Et comment on va faire ça ?

— Je vais rester dans les toilettes, tu iras dire à ta mère que je ne me sens pas bien.

— Je ne pourrai pas l'empêcher de venir te voir. Elle doit déjà être à la cuisine en train de préparer une tisane qu'elle tient de sa grand-mère.

— Je resterai enfermée, elle ne va quand même pas fracturer la porte !

— Non, mais rester devant et te causer sans arrêt, ça c'est certain.

Je réfléchis quelques secondes.

— Voilà ce que nous allons faire. Tu vas sortir de cette pièce, mais demeurer devant la porte. Si ta maman vient, tu lui feras la conversation, pendant que j'essayerai d'émettre les bruits qui conviennent à ma situation.

— Et ta transformation dans tout cela, tu l'as fait quand ?

Je fis une moue amusée avant d'ajouter :

— Je vais tenter de l'inclure dans le scénario. Sors à présent.

Zaya s'exécuta et prit position devant la porte des toilettes.

Assise sur les adorables dauphins qui décoraient la cuvette, je respirai profondément et commençai à réciter les formules. Des éclats de voix arrivèrent à mes oreilles au moment où je devais prononcer le son magique le plus important. J'entendis madame Rachid crier après Zaya. Immédiatement j'émis les bruits correspondants à mon état.

— Qu'est-ce que tu fais devant cette porte, tu ne pouvais pas rester avec elle.

— Pour quoi faire, je vais pas la regarder vomir !

— Ah ma fille, tu n'as pas de cœur ! Je lui prépare un remède du pays, dans cinq minutes, il sera prêt et je…

— Ben pour le moment tu devrais aller tenir compagnie à monsieur de Grandpierre. Je reste ici en attendant ta potion… magique !

Madame Rachid partit en grommelant. Je ris et interpellai Zaya :

— Quel humour Mademoiselle ! Merci pour ton aide, je vais mettre ces précieuses minutes à profit pour me métamorphoser une seconde fois.

— Essaye de prendre le forfait « une heure » ça serait plus intéressant !

Je pris quelques secondes pour saisir la plaisanterie.

— Très drôle, je vais essayer. Je te laisse à ton rôle de gardienne, il est des plus importants pour moi. Surveille et fais diversion si besoin est.

De la façon la plus naturelle qui soit, Zaya commença à me prodiguer des encouragements en prenant bien soin que sa mère les entende. Je me concentrai avec une force que je ne soupçonnais pas en moi. Mon corps irradiait d'une lumière bleue, mes ailes vibraient, je prononçai les formules et le son final avec une énergie décuplée.

J'étais assise sur les dauphins et totalement épuisée lorsqu'un brouhaha de voix arriva à mes oreilles. Celle de madame Rachid se détacha pour me demander.

— Ça va Madame de Grandpierre ? Je vous ai apporté la tisane.

J'ouvris la porte et à ce moment précis, je la vis se figer sur place, ouvrir la bouche, la refermer et déglutir avant de dire :

— Vous… Vos… cheveux… boucles… oreilles !

Ne comprenant rien, je croisai le regard affolé de Zaya et celui interrogateur de David, avant que la pauvre femme puisse enfin formuler une phrase cohérente.

— Vos cheveux sont courts et vous avez perdu vos boucles d'oreilles.

Je compris soudain que j'avais oublié un mot dans la formule me permettant de reprendre exactement l'apparence que j'avais avant de quitter le salon. Je simulai un malaise pour détourner l'attention et réfléchir.

David se précipita et m'emporta sur le canapé suivi par Zaya, qui maintenant retenait à grand-peine un fou rire, et par sa mère qui serrait la main de Fatima suspendue à son cou en murmurant des prières.

Allongée sur le sofa, je voyais au-dessus de moi ces trois visages qui attendaient une explication. Comme madame Rachid ouvrait la bouche, David prit la parole :

— Comment vous sentez-vous, ma chérie ? Je suis follement heureux !

Quel comédien, pensai-je avant de lui répondre. Mais mon élan fut coupé par la mère de Zaya qui s'agitait en tous sens.

— Mais quoi personne ne voit rien ici ? Ses cheveux ! Où sont ses cheveux ? C'est… c'est incroyable !

Mon cœur battait la chamade, j'avais dépensé une telle énergie que mon cerveau cherchait désespérément une explication qu'il était incapable de trouver. La panique commençait à poindre en moi, lorsque David le plus naturellement du monde éclata de rire.

— Ses cheveux ! Bien sûr, je comprends que vous soyez interloquée, mais il y a une explication ou plus exactement une tradition liée à cette perte de cheveux.

Madame Rachid regardait David comme un représentant de commerce voulant lui vendre la super encyclopédie dont elle n'avait pas besoin.

— Ah bon et laquelle ?

— Voyez-vous chère Madame, ma femme vient d'une région très reculée de la Finlande et dans cette contrée, la coutume veut que les femmes enceintes coupent immédiatement leurs cheveux à la première nausée.

Madame Rachid regardait David d'un air dubitatif et demanda :

— Et dans sa tradition, on se promène toujours avec une paire de ciseaux dans son sac ?

David avala péniblement sa salive et Zaya lui sauva la mise en continuant :

— Ben réfléchis Maman, c'est moi qui lui ai donné les ciseaux. J'avais pas compris pourquoi elle voulait des ciseaux avant qu'elle me parle de cette coutume au travers de la porte.

Pensant qu'il était temps que je mette ma touche de créativité dans cette fable, je pris la parole en soupirant.

— Tout ce que mon mari et Zaya viennent de vous expliquer est parfaitement exact. J'ai demandé cette paire de ciseaux de toute urgence, car je ne pouvais pas faillir à cette tradition même loin de chez moi et je suis certaine que vous me comprenez. Il est important de garder les coutumes de nos ancêtres d'autant plus qu'elles ne portent préjudice à personne.

Madame Rachid hocha sa tête en signe d'assentiment et je continuai :

— J'ai donc rapidement coupé mes cheveux et j'en ai fait une natte. Ensuite je l'ai emballé dans un mouchoir qui ne devra être ouvert qu'après la naissance du bébé, cette pratique écartant les mauvais esprits pendant la grossesse.

À présent Madame Rachid souriait de toutes ses dents.

— C'est merveilleux, j'aime les traditions mais… les boucles d'oreilles ?

Je touchai mes oreilles et feignant la surprise, je m'écriai :

— Oh c'est affreux, j'ai dû les perdre dans les toilettes et c'est mon mari qui me les avait offertes.

— Ce n'est pas grave ma chérie, le plus important c'est le bébé. Maintenant vous devez vous reposer, nous allons remplir rapidement les papiers d'admission pour Zaya afin que vous puissiez rentrer vous relaxer.

La tempête était passée, Madame Rachid était calme et sereine et Zaya avait les yeux brillants de joie. David commença à remplir le dossier le plus naturellement du monde pour arriver avec son plus beau sourire à demander à Madame Rachid de poser sa signature sur les différentes pages où elle était obligatoire. Une fois le dossier rempli et toutes les précisions données, Zaya lança d'une voix enjouée.

— Je vais chercher ma valise, j'en ai pour une minute.

— Comment ça, ta valise ! s'étonna sa maman. Mais les cours commencent en janvier !

Zaya se détourna de sa mère et dirigea vers moi ses beaux yeux de braise où se lisaient l'incrédulité et la déception. Je me devais d'intervenir :

— Ta maman a raison, rien ne presse.

Zaya était ulcérée et ses prunelles me lancèrent des éclairs. Je lui souris cherchant à l'apaiser.

— Ton inscription est faite, tu peux attendre un peu pour venir découvrir ta nouvelle chambre et l'installer comme il te plaira. L'important est que tu sois prête pour le jour de la rentrée.

Sans me laisser terminer, Zaya s'écria :

— Et comment je vais faire pour y aller et puis je connais personne là-bas, je pensais que vous alliez m'y conduire et me montrer les lieux pour que j'aie pas l'air bête !

— Calme-toi ma fille, tu sais pas prendre le métro, tu as l'adresse là devant ton nez. C'est quoi ces façons ?

— Ne lui en veuillez pas Madame, j'ai effectivement promis à Zaya de venir la chercher et de personnellement m'occuper de son installation. Ce que je ferai.

Zaya me décocha un regard suspicieux.

— Mais avec votre… maladie ! Vous ne pourrez peut-être pas venir et…

— Allons ma fille, une grossesse n'est pas une maladie, si Madame Friza te dit qu'elle viendra, tu peux lui faire confiance.

M'appuyant sur cette alliée imprévue, je continuai :

— Ta maman a raison. Je ne vais pas passer neuf mois dans mon lit, je serai là jeudi à 15 heures et je te conduirai à l'école. Nous ferons un peu de shopping et tu auras tout loisir jusqu'à la rentrée de décorer ta chambre à ton goût et de prendre tes repères dans l'établissement. Dimanche ou le premier janvier tu pourras très bien venir voir ta maman.

Zaya laissa échapper un soupir de doute et me regarda mélancoliquement.

— Si vous pensez pouvoir venir !

— J'en suis certaine, dis-je en lui souriant tendrement.

David en profita pour parler.

— Il est temps que nous prenions congé. Le côté pratique étant réglé, j'aimerais égoïstement pouvoir profiter de ma femme avant mon départ.

Madame Rachid approuva, serra la main de David et se précipita pour m'embrasser. À peine eut-elle effleuré ma joue, qu'elle recula épouvantée.

— Mais vous êtes glacée !

Je songeai que nous n'étions pas au bout de nos peines. Une fois encore Zaya me sauva la mise, en m'embrassant elle affirma :

— Pas glacée juste un peu froide, les vomissements provoquent souvent ce genre de réaction.

Madame Rachid dévisagea sa fille et voulut intervenir. Sans attendre, David prit mon bras et me poussa vers la porte en lançant.

— Nous devons impérativement partir, mais je vous rendrai visite dès mon retour chère Madame.

Nous descendîmes les escaliers comme si une armée de guêpes était à nos trousses.

Une fois dans la rue, je fis un petit signe d'adieu en direction de la mère et la fille qui nous regardaient derrière la fenêtre. Chacune avait une expression particulière sur son visage et j'imaginai que la conversation qui allait suivre notre départ serait animée. David démarra en trombe et un fou rire libérateur nous submergea. Quelques kilomètres plus loin, je commençai à ressentir les prémices de ma transformation. Je m'isolai sur la banquette arrière et devant l'appartement de David, j'avais repris ma forme de fée.

Totalement épuisée, j'étais soulagée de me retrouver dans cet appartement cossu où j'allais peut-être enfin pouvoir prendre un peu de repos. J'étais confortablement installée sur un coussin moelleux lorsque David me tira de ma rêverie.

— Je pars ce soir, je peux vous laisser l'appartement, il n'y a pas de créatures démoniaques en vue ?

Je souris en m'étirant.

— Vous pouvez partir tranquille, je serai une bonne petite fée.

— Parfait. Je téléphonerai de New York à la directrice de l'école, il faudra juste que vous emmeniez Zaya, mais sans vous faire passer pour ma femme cette fois.

Je penchai la tête sur le côté et battis langoureusement des cils.

— Ne suis-je pas une parfaite épouse ?

— Sans nul doute, mais ne pouvant le rester, il serait très compliqué pour moi d'expliquer à la fois un mariage et un divorce éclair. Je crois que le rôle d'une amie new-yorkaise de passage sera plus adéquat. Saurez-vous prendre un léger accent, voire au besoin parler la langue de Shakespeare

— Comment pouvez-vous douter de mes capacités !

— Je n'en doute pas, dit-il avec son incroyable sourire. Je vais me retirer dans mon bureau, dormez un peu, je vous réveillerai...

Soudain David s'interrompit pour me demander :

— Une fée dort-elle ?

— Les fées de glace dorment l'été et travaillent l'hiver, le contraire des ours en quelque sorte. Autrement nous faisons ce que vous nommez des petites siestes. Mais disons que je suis un peu particulière et qu'avec toutes ces aventures, j'ai besoin de beaucoup plus qu'une sieste !

— Alors bonne nuit petite fée.

David m'envoya un baiser du bout des doigts et quitta silencieusement la pièce. Je m'étirai voluptueusement, repliai mes ailes et m'endormis aussitôt.

Mon sommeil fut peuplé de rêves étranges, des bribes de mon initiation se superposant aux événements de la nuit passée.

« La Fée Lumière m'emportait dans les airs où Charlotte et Zaya dansaient au milieu des étoiles, le ciel était translucide, le soleil et la lune brillaient de concert, je respirais de délicats parfums quand soudain des monstres hideux se ruèrent sur moi et me jetèrent dans une pièce surchauffée. Je hurlai de toutes mes forces et me réveillai en sursaut, ne comprenant pas immédiatement où j'étais. »

La lune laissait entrer ses rayons argentés par la fenêtre, déposant une lumière irréelle sur les objets. Je regardai ce qui m'entourait et repris peu à peu conscience de la réalité. Mes yeux se posèrent sur une jolie pendulette en albâtre.

« Trois heures ! »

Je réalisai que j'avais dormi plus de douze heures et un petit moment de panique s'empara de moi.

David serait-il parti sans me dire au revoir ?

Je dépliai mes ailes et tout en faisant mes exercices d'assouplissement, j'entendis un léger bruit d'eau. Rassurée, je voletai jusqu'à la salle de bains, commençant à me familiariser avec les humains et leurs habitudes. La porte était fermée, je l'ouvris naturellement à l'aide d'une formule magique et pénétrai dans cette pièce que je trouvais superbe.

Au même instant, David sortit de la douche et sursauta en me voyant.

— Friza ! Je ne m'attendais pas à vous voir ici. Avez-vous bien dormi ?

— Oui je vous remercie, bien que mon sommeil ait été peuplé d'étranges rêves, je suis parfaitement reposée.

Je m'installai sur mes serviettes préférées et le regardai se préparer. Il fut le premier à prendre la parole.

— Où serez-vous petite fée à mon retour de New York ?

Je réfléchis quelques instants avant de répondre.

— Pour être honnête, je n'en sais rien. Je vais conduire Zaya à votre école comme convenu et ensuite je me laisserai guider. Le destin m'a fait rencontrer Charlotte et Zaya et je sais à présent que d'autres enfants vont avoir besoin de moi.

David pencha nostalgiquement la tête.

— J'espère que le destin nous mettra à nouveau en présence, car vous allez me manquer belle fée. Mais ne dit-on pas que les fées ensorcellent les hommes ?

Je bleuis sous le regard de David et bafouillai :

— Les… les… grandes fées, enfin je veux dire pas les fées de glace en tout cas.

Je poussai un soupir d'une infinie tristesse avant d'ajouter :

— Des fées parfois ont attiré des humains dans leur monde, d'autres ont délibérément quitté leur cercle d'existence pour vivre avec un homme. Mais rarement ces unions ont été heureuses. Nos mondes sont différents, nos structures encore plus et chacun doit rester à la place que la destinée lui a octroyée.

David m'interrompit :

— Vous êtes pourtant bien dans mon appartement !

— Je vous ai parlé d'unions malheureuses, mais pas… d'amitiés malheureuses. Les fées ont toujours aidé les humains, cela fait partie de notre vie de vous venir en aide. C'est pour cela que nous sommes aussi présentes dans vos contes et votre imagerie. Nos mondes sont parallèles et nous sommes intimement liés à vous, du fait aussi d'une ressemblance physique. Enfin... pas toutes les fées... pas moi!

— N'en sois pas triste Friza, tu es une merveilleuse fée et je ne t'oublierai jamais.

— Tous les humains que je rencontre me le disent, mais... vous m'avez tutoyée!

— C'est vrai, n'es-tu pas mon amie, mon inoubliable amie?

— Si, j'en suis très heureuse et je ne t'oublierai pas non plus David et puis qui sait? Mes pas me ramèneront peut-être à Paris.

Nos rires se mêlèrent avant que les yeux de David ne se posent sur sa montre et qu'il s'exclame:

— Si je ne me dépêche pas, je vais finir par manquer mon avion.

— Alors je vous... je te laisse terminer ta toilette. Veux-tu un petit-déjeuner?

— J'aimerais beaucoup, mais je risque de ne pas avoir le temps de le préparer.

— Parfait, je m'en occupe. Rendez-vous à la cuisine dès que tu es prêt.

David rit et hocha la tête en signe d'assentiment.

Malgré la grandeur de l'appartement je me dirigeai vers la cuisine sans hésiter une seconde. Une fois dans la pièce, je jetai un rapide coup d'œil aux différents appareils qui s'y trouvaient. La plupart m'étant inconnus, je ne m'attardai pas à ce genre de considération et prononçai sans attendre la formule servant à préparer un petit-déjeuner. David arriva quelques minutes après, portant un jean gris, une chemise bleu marine et un blouson de cuir très fin. Voyant la table dressée et le petit-déjeuner digne d'un palace qui s'y trouvait, il enleva son blouson qu'il déposa sur un dossier de chaise et tel un enfant s'assit avec des yeux émerveillés en s'exclamant.

— Friza! C'est fantastique! Ma table semble plus grande que d'habitude et tous ces mets!

— Je suis heureuse que cela te plaise, dis-je en m'installant à mon tour. Une coupe d'opaline remplie de pétales de roses rouges devint un siège confortable où je pris mes aises.

David ne savait par où commencer. J'avais donné libre cours à mon imagination pour la décoration et les préparations culinaires. Sur la nappe blanche où dansaient joyeusement des papillons multicolores, il y avait une profusion de plats salés et sucrés dans de la porcelaine de Chine.

Il se servit un jus d'orange fraîchement pressé dans un verre en Baccarat, le dégusta et me regarda interloqué et vaguement hésitant.

Enfin il commença son repas en prenant des œufs brouillés décorés de fines lamelles de truffe avec une tranche de pain de seigle, puis continua avec des céréales et des fruits des bois mélangés dans un onctueux fromage blanc. Enfin il ne résista pas à un muffin aux mûres, le tout accompagné d'un thé blanc finement aromatisé au citron vert. Lorsqu'il eut terminé, il me demanda :

— Je sais que tu as préparé magiquement ce repas matinal, mais ce qui m'a le plus surpris tient à la saveur des aliments.

David marqua un temps d'arrêt, semblant chercher les mots appropriés.

— Les saveurs et les parfums des différents mets étaient... comme décuplés. Tu m'as véritablement fait découvrir la quintessence de chaque arôme. Je viens de vivre une incroyable expérience, mais à l'avenir mes meilleurs repas risquent de me paraître bien fades.

Je souris et le rassurai :

— Ne t'inquiète pas, tu garderas un merveilleux souvenir, mais tes sens, eux, ne pourront conserver l'empreinte de cette expérience. Tu apprécieras toujours autant la nourriture terrestre que tu mangeras.

David prit un air sceptique avant d'ajouter :

— Si tu le dis, je veux bien te croire, mais pour l'instant...

— Pour l'instant ! Et la vie n'est faite que d'instants. Sans vouloir casser l'ambiance, je crois que maintenant tu dois te dépêcher si tu ne veux pas manquer ton avion.

Mon propos le fit sursauter.

— Tu as raison, je te laisse le soin de débarrasser, dit-il avec un clin d'œil.

— Le temps que tu cherches ta valise et il ne restera plus rien de ce que tu vois.

David prit un air songeur en me regardant.

— Ne pourrais-tu, par ce procédé, aider les gens qui ont faim ?

— Hélas non. Ma magie ne peut être que ponctuelle et parfaitement ciblée. Pour secourir dans les cas de Charlotte et Zaya, ou juste pour un petit remerciement dans ton cas. Nous n'avons pas le droit t'interférer dans les destinées humaines, nous sommes uniquement autorisées à en aider certaines qui font parties d'un plan qui vous et nous dépasse. C'est aux humains d'essayer de s'entraider et de faire en sorte que leur monde soit juste. Ce qui d'après le peu que j'ai vu est loin d'être d'actualité.

David leva les yeux au ciel.

— C'est vrai que notre société n'est pas un modèle de perfection, que nous commettons beaucoup d'erreurs en croyant le plus souvent bien faire. Et pourtant le siècle écoulé a grandement contribué à l'amélioration de nos conditions de vie, de notre santé et de la paix entre des nations qui se déchiraient depuis des centaines d'années.

David marqua une pause, j'en profitai pour intervenir :

— Tout ce que tu dis est exact, mais se résume à une petite partie des hommes. Beaucoup vivent encore dans une misère qui m'a terriblement choquée lorsque j'ai eu un aperçu de votre monde avant mon départ.

David caressait nonchalamment le contour de mon aile et semblait perdu dans de profondes réflexions.

— Notre société occidentale est injuste à bien des égards, mais elle donne aussi la possibilité de sortir du lot. Je n'ai pas toujours été riche, ma famille était totalement ruinée, il m'a fallu du courage, des idées et de la détermination. Et qui sait peut-être qu'une fée m'a aidé sans que je le sache.

Je ris en fronçant le bout de mon nez.

— Ce n'est pas impossible, nous aidons généralement sans nous montrer.

— Et toi ma jolie fée, pourquoi te montres-tu ?

Je penchai la tête sur le côté en haussant imperceptiblement les épaules.

— Moi… c'est… particulier. Si je t'ai raconté ma vie lors de notre première rencontre, j'en ai néanmoins laissé dans l'ombre une grande partie.

Il y a des choses que je n'ai le droit de révéler à personne. Disons simplement que la mission que je dois accomplir nécessite que je me montre.

— Et j'en suis fort content, car c'est une expérience qui, à n'en pas douter, influencera le reste de ma vie. Avoir une grande tante qui lisait dans une boule de cristal et une grand-mère qui vous a donné quelques secrets occultes est une chose. Vivre une journée avec une fée qui se fait passer pour votre femme en est une autre.

J'éclatai de rire en faisant un saut périlleux.

— J'ai moi aussi été enchantée de cette journée, seulement maintenant tu dois vraiment partir.

David secoua la tête.

— Ce serait la première fois que je manquerais un avion, mais je dois admettre que j'ai beaucoup de difficultés à te quitter.

— Je peux te proposer une solution pour retarder notre séparation.

Je vis une lueur d'intérêt dans ses yeux.

— Et quelle est cette solution ?

— T'accompagner à l'aéroport ! J'avoue que cette idée est assez égoïste, j'ai très envie de voir réellement cet endroit.

J'ajoutai en soupirant :

— Et la curiosité est un défaut que je n'ai pas encore totalement maîtrisé. Si jamais je le maîtrise un jour !

David éclata d'un rire juvénile et affirma :

— Parfait, je prends ma valise et nous partons.

Puis riant toujours en sortant de la cuisine, il ajouta :

— Ce qu'il y a de bien avec toi c'est que tu voyages léger.

— Et oui, il y a des avantages à être une petite fée.

Une fois David dans le vestibule, je prononçai la formule qui allait ranger la cuisine et le rejoignis dans l'entrée. Retenant à peine mon excitation, je lançai :

— Voilà, tout est en ordre, nous pouvons partir.

Heureuse de cette nouvelle aventure, je m'installai dans sa poche pendant qu'il fermait la porte de l'appartement.

David avait commandé un taxi qui était en bas de l'immeuble à notre arrivée. J'étais à présent habituée aux ascenseurs, aux voitures et au périphérique, mais pas encore au bavardage incessant d'un chauffeur de taxi auquel David se mêla avec joie. Saoulée par toutes ces paroles, j'arrivai néanmoins à Roissy d'excellente humeur. Je laissai David s'occuper de régler le taxi et de récupérer son bagage et le cœur battant, je pénétrai, toujours dans sa poche, dans le hall de l'aéroport.

Les souvenirs de certaines images perçues lors de mon initiation me revenaient en mémoire. Mais les bruits, les odeurs et la proximité de tous ces gens donnaient une dimension nouvelle à mes visions.

Je ne savais plus où poser mes yeux. Sûre de mon invisibilité, j'étais sortie de ma poche refuge pour m'asseoir sur l'épaule de David. De ce perchoir improvisé, je pouvais voir, entendre et sentir, ce qui n'était pas toujours le plus agréable, tout ce qui m'entourait. Ma curiosité me poussait parfois à voler de-ci de-là pour mieux observer une personne ou un comportement qui m'interpellait.

Nous étions à présent devant un comptoir et David donnait des papiers à une jeune femme portant un uniforme seyant. Oubliant mon invisibilité et désirant comprendre ce que je voyais, j'interpellai David :

— Ta valise commence à bouger sur ce tapis !

David ne me répondit pas.

— Fais attention, ne vois-tu pas que tu vas la perdre ?

Il se racla la gorge sans toutefois prononcer un mot. Croyant qu'il ne m'entendait plus et voulant me rendre utile, je le griffai légèrement avant de sauter sur sa valise. Il poussa un petit cri, posa sa main sur la nuque, puis me voyant sur sa valise, hurla en se précipitant.

— Qu'est-ce qui te prend ? Arrêtez, arrêtez ce tapis immédiatement !

La jeune femme le regarda, la bouche ouverte et les yeux écarquillés.

— Monsieur, vous ne vous sentez pas bien, vous saignez, vous devez vous calmer, je vais appeler la sécurité.

David hurla.

— Friza revient !

En un éclair, je compris mon erreur et la situation délicate dans laquelle je venais de le mettre. Je sautai de la valise et m'envolai au moment où elle pénétrait dans un horrible conduit noir. Je me posai à nouveau sur son épaule, mais deux hommes armés s'étaient précipités à l'appel de l'hôtesse et emmenaient déjà David.

Nous étions maintenant dans une petite pièce, sommairement meublée d'un bureau, d'une armoire de rangement métallique et de trois chaises.

David était assis sur l'une d'elle. En face de lui derrière le bureau se tenait un policier au visage interrogatif.

La valise récupérée sur le tapis roulant était ouverte au milieu de la pièce, son contenu éparpillé tout autour, un chien s'amusant à renifler méthodiquement son contenu.

Je m'étais tapie dans un coin de la pièce, parfaitement consciente des problèmes que j'avais involontairement causés et entendis le policier demander en regardant le passeport de David.

— Monsieur de Grandpierre, puis-je savoir ce qui vous a pris ? Apparemment votre valise est clean, elle ne contient ni drogue, ni explosifs, mais votre attitude reste pour le moins suspecte, ainsi que le sang sur votre chemise.

Voulant corriger mon erreur, je décidai de sortir de l'ombre et vins me poser sur l'épaule de David pour lui souffler une explication qu'il n'avait pas l'air de trouver.

— Dis-lui qu'une personne t'a bousculé et blessé avec l'intention de faire diversion et que c'est cette personne qu'ils doivent rechercher, car c'est un dangereux terroriste et que…

David venait de se racler la gorge dans le but visible de me faire taire et dit en soupirant :

— Rien n'est aussi simple.

— Qu'est-ce qui n'est pas simple, Monsieur de Grandpierre ?

— Excusez-moi Capitaine, j'ai dû parler tout seul, cela m'arrive assez souvent, je pensais à une amie.

Le capitaine prit un air dubitatif.

— En effet, on m'a rapporté que vous aviez déjà prononcé des propos incohérents au guichet d'embarquement en appelant une certaine Friza !

Très énervée par ce personnage, je me mis à gesticuler en disant.

— Il se trouve que c'est moi la « certaine Friza », évidemment j'ai commis une erreur, mais David a simplement voulu me sauver. A-t-il la tête d'un criminel ? Que diable mon ami, un peu de bon sens !

Et contre toute attente, surtout du capitaine, David éclata de rire.

Le policier pinça les lèvres en dodelinant de la tête et leva les yeux au ciel. Au même instant la porte s'ouvrit sur un nouveau personnage.

— Ah Docteur, dit le capitaine. Je crois que nous avons un urgent besoin de vos services. Ce monsieur ayant un comportement pour le moins bizarre, dites-moi s'il est drogué, fou ou les deux à la fois ?

Outrée par de tels propos et perdant totalement la notion de mon invisibilité, je repris la parole en m'agitant dans tous les sens.

— Mais enfin, mon ami, votre raison s'égare, si un médecin doit être mandé, que ce soit pour vous. Comment pouvez-vous émettre un jugement d'aussi peu de valeur, monsieur de Grandpierre est une personne de qualité, je…

Mes paroles et mes gesticulations furent interrompues par un vent de folie dont tous les occupants de la pièce subirent les effets.

Le rire de David se transforma en un irrépressible fou rire. Le capitaine se leva de son siège en regardant bêtement dans ma direction, le médecin essaya d'approcher David au moment même où le chien, les yeux rivés sur moi, se mit à aboyer. Comme hypnotisé, il faisait des bonds en essayant d'attraper quelque chose dans l'air avec ses pattes. Je compris assez rapidement que ce dernier me voyait aussi nettement que David, ce qui était loin d'être le cas des deux autres personnes visiblement désorientées. Les aboiements fous du chien firent accourir un autre policier qui, avec son collègue, essaya désespérément de calmer l'animal. Je n'aurais jamais imaginé que ma venue dans cet aéroport déclencherait une telle panique et je me demandai comment sortir de ce guêpier.

Réfléchissant à la vitesse de l'éclair, j'entrevis l'évolution de la situation. Si je ne voulais pas qu'elle empire, que David passe la nuit en prison, qu'un journaliste ait vent de l'affaire et en fasse la une d'un journal à sensation, qui évidemment ne manquerait pas de tomber sous le nez de Madame Rachid, je devais intervenir magiquement. Ne voulant pas perdre de temps, je m'approchai de l'oreille de David et lui dis :

— Je suis désolée de t'avoir causé autant d'ennuis. Pour réparer mon erreur, je vais devoir recourir à une haute magie, la plus difficile de toute, la maîtrise du temps.

David m'envoya un regard interrogateur teinté de panique et ouvrit la bouche sans pouvoir prononcer un mot, ce qui dans l'état actuel était préférable. Je lui expliquai sommairement ce qui allait se passer en tentant de le rassurer.

— Je vais d'abord arrêter le temps puis repartir en arrière pour effacer ce qui vient d'arriver. Je ne peux hélas reculer que de quelques minutes. Quand j'aurai terminé, nous nous retrouverons dans ce bureau au moment où j'ai commencé à te parler et à compliquer toute cette histoire.

Le capitaine te posera la même question concernant le sang sur ta chemise, trouve une explication plausible, je ferai en sorte qu'il te croie sur parole. Es-tu prêt ?

Incrédule, David hocha la tête.

— Reste calme, cela va sûrement beaucoup vous impressionner, mais aucun de vous n'aura le moindre souvenir.

David murmura une question

— Tu as l'habitude de le faire ?

Il y a un mois l'orgueilleuse Friza aurait répondu oui, mais j'avais changé et dis simplement :

— C'est la première fois.

En voyant son visage se décomposer, je me demandai si un pieux mensonge n'aurait pas été plus approprié. Seulement, il n'était plus question d'hésiter, le temps passait et la confusion qui régnait dans la pièce s'accentuait. Je quittai l'épaule de David, non sans lui avoir embrassé le bout du nez et m'installai au-dessus de l'armoire. Dominant parfaitement la scène, je respirai profondément en demandant aide et permission pour pratiquer ma magie.

Je prononçai les formules et rassemblant toutes mes énergies, je les lançai dans la pièce.

Un tourbillon de Forces fit le tour du bureau, laissant chacun figé dans sa position, ce qui ne manquait pas de rendre la situation très drôle. Le capitaine était debout, les mains appuyées sur son bureau, la bouche grand ouverte. David la tête tournée vers moi avait l'air totalement désorienté. Le médecin une main sur lui, fouillait désespérément sa sacoche de l'autre. Et les deux policiers étaient à quatre pattes pour essayer de maintenir le chien qui leur avait échappé et se trouvait au moment présent suspendu dans les airs en me regardant fixement.

Si la situation n'avait pas exigé toute ma concentration, le spectacle m'aurait fait éclater de rire. Mais le temps se mesurait en seconde pour moi, je devais maintenant prononcer la formule de retour dans le passé et propulser l'énergie qui allait avec.

Mon heure de vérité avait sonné !

N'hésitant plus, je lançai toutes les Forces en mon pouvoir en psalmodiant les formules sans répit. La pièce se transforma en un époustouflant champ vibratoire. Des bandes de couleur bleue et rouge s'entrecroisaient en formant des dessins géométriques. Des spirales d'une lumière jaune orangé balayaient la pièce à une vitesse vertigineuse, de petites boules lumineuses entouraient chacune des personnes présentes et le chant de ces ondes était assourdissant. Je prononçai la dernière formule et avant de tomber épuisée, j'entendis le capitaine demander :

— Monsieur de Grandpierre, puis-je savoir ce qui vous a pris ? Apparemment votre valise est clean, elle ne contient ni drogue, ni explosifs, mais votre attitude reste pour le moins suspecte, ainsi que le sang sur votre chemise.

J'avais réussi ! Jamais je n'avais ressenti une aussi grande joie et j'espérais que David allait finir correctement mon travail. J'écoutai sa réponse avec impatience.

— Capitaine, tout ceci est un malencontreux concours de circonstances. Au moment où je présentais mes papiers à l'hôtesse... Je pensais... à une amie très chère...

Quelque peu sous mon influence, le capitaine l'interrompit :

— La dénommée Friza, je présume.

David saisit la perche tendue par le capitaine et enchaîna :

Absolument ! Je pensais à Friza qui venait de partir, quand j'ai tout à coup ressenti comme une coupure dans le cou. J'ai sursauté et sous… l'émotion, j'ai crié : Friza reviens !

— Euh ! Vous l'avez imaginée sur le tapis ?

— C'est cela… je l'ai imaginée sur le tapis. Enfin comprenez-moi j'étais perdu dans mes pensées concernant cette jeune femme.

Le capitaine eut un petit sourire en coin.

— Amoureux ? Bon… Et la coupure comment est-elle arrivée ?

Malgré mon intense fatigue, je sentais que je devais intervenir, mais je ne voulais pas que David soit à nouveau troublé par ma présence. Je me faufilai le long de l'armoire, puis remontai derrière le dossier du fauteuil où était assis le capitaine et déposai discrètement une quantité suffisante de poudre magique pour que cette affaire se termine très vite.

David reprit la parole avec plus d'assurance.

— Je me suis fait enlever une vilaine excroissance il y a quelques jours et je pense qu'un des fils a dû lâcher et provoquer ce saignement.

— Parfait, voilà une explication logique et nous allons pouvoir vous laisser prendre votre avion.

Ouh, Reine des Fées ! Sans moi, jamais ce capitaine n'aurait cru une seconde à cette histoire, ni conclu aussi vite.

David se leva sans perdre de temps, referma sa valise et remercia le capitaine, s'excusant même de lui avoir fait perdre son temps. Je voletai péniblement jusqu'à lui, pressée moi aussi de quitter les lieux, quand un hurlement me fit manquer mon atterrissage et je me retrouvai la tête la première dans la poche protectrice. J'avais complètement oublié ce pauvre chien et j'évitai de justesse un terrible coup de patte lorsqu'il sauta sur David.

Le capitaine intervint :

— Bon, Garnier, dites à votre chien de se calmer.

— Ne vous inquiétez pas Capitaine, les chiens m'adorent, mais j'ai actuellement un petit chat, sans doute l'a-t-il senti.

Comme ils étaient tous sous l'influence de ma poudre magique, le dénommé Garnier hocha la tête en signe d'assentiment. Sans perdre une seconde, David prit congé et marcha à grande enjambée vers le guichet d'embarquement où tout avait commencé. Je poussai un énorme soupir de soulagement et demandai sans oser sortir de ma cachette.

— Comment te sens-tu ?

Je n'obtins aucune réponse.

— Ouh ouh David ! Tu m'entends ?

David répondit entre ses dents :

— Oui je t'entends ! Je voudrais seulement enregistrer ma valise en paix. Ensuite j'essayerai de trouver un coin tranquille pour te parler sans avoir l'air d'un dingue.

Je souris et gardai un silence contrit, sachant que j'étais la responsable de tout ce qui venait d'arriver. J'avais encore beaucoup de choses à apprendre pour vivre une année au milieu des humains sans leur causer d'ennuis.

Il n'y avait presque plus personne à l'embarquement et tout alla très vite. David passa la douane, puis alla dans une grande salle où de nombreuses personnes attendaient leur avion. Tout au bout, il y avait un espace interdit au public, délimité par des bâches en plastique opaque et juste avant un poteau sur lequel il s'adossa.

— J'ai sans aucun doute l'air bête appuyé contre ce poteau à regarder une bâche en plastique, mais je ne risque plus d'être arrêté !

— Tu m'en veux ? murmurai-je.

— Bien sûr que non, petite fée. Comment pourrais-je t'en vouloir ? Tu ne connais pas encore parfaitement notre monde et tu as cru bien faire. Et puis cela m'a permis de vivre deux expériences.

— Deux ? m'exclamai-je en sortant de sa poche pour me poser sur son bras.

— Oui ma chère. Figure-toi que je n'étais encore jamais passé pour un terroriste jusqu'à ce jour. Évidemment la deuxième fut plus impressionnante.

— De quoi te souviens-tu ? C'était une première pour moi, il est important que je sache quels souvenirs restent dans ta mémoire.

— À vrai dire je me souviens parfaitement du moment où tu m'as expliqué ce que tu allais faire. Ensuite j'ai ressenti comme une impression d'immobilité presque douloureuse ou étouffante. Après, tout n'est que sensations. Des lumières, des couleurs, des sons faisant un indescriptible cocktail. J'ai beaucoup de difficultés à trouver les mots adéquats pour décrire mon ressenti. C'est trop fort et trop émotionnel pour le raconter d'une manière intellectuelle. Par contre, j'ai intuitivement la certitude d'être le seul à avoir des souvenirs aussi flous et peu explicites soient-ils.

— À part le chien, dis-je en riant.

— Exact, à part le chien. Mais je pense que tu peux compter sur son entière discrétion.

Je voletai de gauche à droite et effectuai une superbe pirouette, pouvant s'assimiler à un énorme rire humain avant de lui expliquer :

— Tu as hérité du don de tes aïeules, ce n'est pas le cas de tous les humains, mais il y en a certainement plus que je ne l'imagine. Je dois apprendre à les reconnaître pour éviter des déconvenues car des personnes négatives peuvent posséder ce don.

— En tout cas les animaux le possèdent. Ils existent de nombreuses histoires de chiens et de chats voyant le fantôme de leur maître. Alors pourquoi pas une fée ?

— C'est normal, ils n'analysent pas tout comme vous. Ils suivent leur instinct, pas leur raisonnement. Je devrais néanmoins faire attention qu'ils ne mettent pas la puce à l'oreille de leur maître.

— Tu peux être tranquille, les hommes écoutent rarement leurs animaux, ils préfèrent leur donner l'ordre de se taire et de se coucher.

Je regardai David d'un air stupéfait.

— Je croyais que les humains étaient proches des animaux ?

— Certains le sont et d'autres les traitent fort mal. Il n'y a pas vraiment de juste milieu dans ce domaine.

Je penchai légèrement la tête en faisant la moue.

— Je commence à croire qu'il n'y a aucun domaine où les humains suivent le juste milieu.

— Hélas oui, ma petite fée.

Ding Long, ding long. « Embarquement immédiat vol Air France 955 en partance pour New York JFK. Les passagers sont priés de se présenter aux portes d'embarquement. »

Voyant David tourner la tête, je compris qu'il s'agissait de son avion. Une vague de solitude m'envahit.

— C'est pour toi ?

— Oui Friza c'est mon vol, je vais devoir te quitter et je dois t'avouer que cela m'attriste. On s'habitue vite à toi, sais-tu?

— C'est réciproque et je vais me sentir bien seule.

— Que vas-tu faire lorsque Zaya sera installée dans son école?

Je me pinçai les lèvres en hochant les épaules.

— Je ne sais pas! Enfin si, je vais aider d'autres enfants qui inconsciemment me contacteront.

David resta silencieux un moment puis me demanda:

— Dois-tu rester à Paris pour mener à bien ta mission?

Sa question me surprit. Je n'y avais jamais réfléchi et le lui dis:

— Je n'en ai aucune idée. Comme je te l'ai raconté, mon grand rêve était de venir à Paris avec le Père Noël et de repartir avec lui le lendemain. Seulement la réalité ne correspond plus au rêve. Paris n'est pas comme je l'imaginais et le Père Noël est déjà reparti sans moi. Cette mission qui me rendait si orgueilleuse est à présent une très lourde tâche que je ne suis pas même certaine de réussir.

Je marquai une pause avant de continuer mélancoliquement:

— Une longue année va s'écouler avant que je rentre chez moi. Quand j'étais là-bas, je boudais souvent et faisais tout pour ne pas être avec les autres fées. À présent je suis seule et je dois bien l'avouer quelque peu perdue.

Contre toute attente David lâcha soudain:

— Viens à New York avec moi.

— Avec toi?

— Je veux dire d'ici quelques jours, une fois ta mission avec Zaya terminée.

Incrédule, je le regardai fixement. Il m'expliqua:

— Je crois qu'il y a autant d'enfants à aider là-bas qu'ici et tu serais moins seule.

— L'offre est tentante, mais… comment te dire… Je dois en parler à mes supérieurs pour employer un langage humain.

Parfait, j'habite un immeuble en face de Central Park, tu sauras me retrouver de toute façon.

— Oui, ta vibration me guidera mieux que n'importe quel GPS.

David émit un sifflement admiratif, me caressa délicatement la tête du bout du doigt et me dit:

— Je pars petite fée, mais je suis absolument certain de te revoir à New York.

Je murmurai :

— Ce n'est… peut-être pas impossible !

Envahie d'une émotion qui m'était inconnue, je le regardai s'éloigner. Avant de rentrer dans un gros serpent en plastique transparent, il s'arrêta et devant une hôtesse interloquée envoya un baiser en direction d'un poteau.

Après avoir laissé David prendre son avion, une infinie tristesse s'empara de moi. J'errai dans cet aéroport, témoin d'incroyables événements et de ma première maîtrise de l'espace-temps. Ensuite je regagnai nonchalamment la capitale pour m'écrouler, dans l'appartement de mon ami, sur un coussin en velours que j'affectionnais particulièrement et y dormir tout à loisir avant d'aller chercher Zaya.

Je fus réveillée en sursaut par un vrombissement inconnu, accompagné d'une mélodie sifflée à tue-tête. Persuadée que seul les oiseaux sifflaient et curieuse de comprendre d'où venait cet affreux bruit, je sortis à regret de mon nid douillet. Dans le couloir, je vis d'abord une forme rouge, munie d'un long cou noir flexible et terminée par un tube métallique, avancer vers la chambre d'où venaient les sifflements. Le bruit assourdissant s'échappait, à n'en pas douter, des entrailles de cette créature.

Pourquoi était-il ici ? Étais-je visée ? Comment allais-je le combattre ?

Mille questions se bousculaient dans ma tête, quand soudain, je vis une femme sortir de la chambre en tenant le bout du monstre !

Elle était jeune, jolie, vêtue d'un charmant tablier à fleurs et sa bouche bizarrement émettait le chant des oiseaux. Il n'y avait, évidement rien de démoniaque dans cette agréable personne et l'incompréhension la plus totale envahit mon esprit. Perturbée tant par le bruit que par mes interrogations, je volai à tire-d'aile vers le balcon pour y réfléchir en paix. Perchée sur les arabesques en fer forgé, je respirai goulûment l'air frais et entrai en méditation pour trouver la réponse à mes questionnements.

Il me fallut peu de temps pour comprendre la réalité et j'émergeai de cette méditation en riant de ma stupidité. Je n'étais sans doute pas encore remise des émotions de la veille et mes combats contre les Forces Noires me les faisaient voir là où elles n'étaient pas. Une certitude s'imposa à mon esprit, il fallait que je prenne le temps d'intégrer davantage les différentes phases de mon initiation, si je voulais que cette année dans le monde des humains soit productive.

L'infernal bruit ayant cessé, je rentrai pour reprendre ma place favorite en attendant qu'il soit l'heure de partir.

À mon arrivée dans le salon, la jeune femme époussetait les meubles et tapotait les coussins pour leur redonner du volume en continuant de siffloter. Je la laissai terminer et me posai avec délice sur mon oreiller bien regonflé. Je paressai encore un long moment, puis après avoir fait mes exercices d'assouplissement, je décidai de partir pour chercher ma petite protégée. Ayant du temps devant moi, je choisis de voler tranquillement et de flâner un peu.

Je m'élançai dans un beau ciel bleu, malgré un froid piquant qui n'était pas pour me déplaire. Je musardai de-ci de-là, avant de filer droit vers la Tour Eiffel. Émerveillée par les Champs-Élysées, je voulais découvrir d'autres facettes de ce Paris que j'avais tellement désiré connaître.

J'arrivai devant la grande dame métallique construite entre 1887 et 1889 par Gustave Eiffel et en plongeant dans mes souvenirs, je visualisai cet ingénieur dijonnais, l'un des meilleurs spécialistes mondiaux de la construction métallique, qui édifia de nombreux ponts et viaducs sans oublier l'ossature de la statue de la Liberté à New York.

New York... Mon cœur battit un peu plus vite en pensant à l'invitation de David.

Ne voulant pas tomber dans la mélancolie, je décidai de voler tout en haut des 320 mètres de cet édifice pour regarder Paris. Je m'installai sur une barre qui, bien qu'inconfortable, me donnait une vue d'ensemble de la capitale. À mes pieds, le pont d'Iéna enjambait la Seine et l'esplanade des Invalides s'offrait à mes yeux, me laissant deviner derrière, le Palais de Chaillot et le Musée de l'Homme. Sur ma droite le jardin du Trocadéro avait pris ses habits d'hiver et un peu plus loin encore les Champs-Élysées et la place de l'Étoile m'invitaient à venir leur rendre une deuxième visite. Mes yeux s'attardèrent sur les péniches du bord de Seine et non sans regret, je décidai de partir. Mon regard engloba une dernière fois la ville jusqu'à la Défense et je m'envolai vers la banlieue où Zaya m'attendait.

Je voletai tranquillement quand soudain ma petite voix intérieure me dit : « Comment as-tu l'intention d'emmener Zaya ? As-tu songé à un moyen de transport ? »

Je stoppai net et descendis en flèche jusqu'à la cime d'un chêne. Assise sur une de ses branches, je pris conscience de mon oubli. Perdue dans ma contemplation parisienne, j'avais complètement omis les détails techniques de ma mission.

Tout en me traitant d'écervelée, je regardai en bas, espérant y trouver un endroit protégé où je pourrais non seulement me transformer en femme, mais également « créer » une voiture. J'aperçus un paisible petit chemin qui à n'en pas douter devait déboucher sur une grande route. L'idéal pour y faire apparaître une automobile. Descendant au pied de ce seigneur de la forêt, je le remerciai pour son accueil avant d'en faire le tour, l'oreille dressée pour m'assurer d'une totale solitude. Je devais être prudente, rapide, efficace et ne plus laisser mon plaisir prendre le pas sur mon devoir.

Seuls les oiseaux semblaient présents en ce lieu, mais le bourdonnement lointain qui parvenait à mes oreilles me confirma l'existence d'une nationale à proximité.

Je n'avais plus une minute à perdre, je me dirigeai vers le chemin et en plein milieu y déposai mon sac en toile d'araignée magique. Je visualisai intensément mon futur carrosse, tournai trois fois autour du sac et avec ma baguette de cristal, je dessinai les symboles du sortilège. Puis prononçant les formules appropriées, je reculai pour ne pas être écrasée par ma création.

En quelques secondes, une Mercedes dernier modèle se matérialisa devant moi. N'ayant jamais conduit une voiture et perdant une partie de mes pouvoirs magiques dans un corps humain, j'avais délibérément choisi un modèle hautement technologique. La boîte de vitesses automatique et le GPS intégrés me permettraient d'arriver sans peine devant l'immeuble où habitait Zaya.

Tirant le sac resté sous la voiture, à l'aide de ma baguette, je le rangeai avant de procéder à ma propre transformation. La métamorphose devenait plus facile. Les tiraillements que je ressentais maintenant n'avaient rien de commun avec la souffrance de ma première expérience.

Une fois l'opération terminée, je m'observai dans la vitre de la voiture et satisfaite de constater que j'étais totalement identique à la personne que Madame Rachid connaissait, je montai dans la Mercedes.

Je m'installai confortablement, attachai ma ceinture de sécurité et mis le contact. Restant une fée, même avec des pouvoirs amoindris, je me concentrai pour visualiser parfaitement où mettre mes mains et mes pieds et démarrai sans attendre.

Un kilomètre plus loin, le chemin rattrapa une route départementale qui, elle-même, après un carrefour, me mena sur la nationale recherchée.

Perdue sur terre et dans ce corps de femme, je mis toute ma confiance dans la voix qui sortait de l'appareil de guidage.

Le temps me parut un peu long, mais parfaitement dirigée, j'arrivai devant la tour où habitait ma jeune amie. Je me garai et descendis rapidement, non sans me faire remarquer. Ma voiture et mon style n'étaient certes pas en harmonie avec le quartier, mais mon principal souci concernait, comme toujours, la durée de ma transformation. Je franchis la porte de l'immeuble et montai les escaliers quatre à quatre.

M'ayant vu arriver, Zaya ouvrit la porte de l'appartement avec sur les lèvres le plus lumineux des sourires.

— Bonjour jeune fille, es-tu prête pour ta grande aventure? dis-je avec un clin d'œil complice.

— Salut Friza, tu es toujours aussi superbe! Ma mère est dans tous ses états et je dois te prévenir d'un petit changement.

Je la regardai interrogativement et demandai :

— Quel changement? Je suis là, tout se déroule comme prévu, il n'y a pas de… lézard? C'est bien cela l'expression.

Zaya éclata de rire.

— Super, tu fais des progrès. Ben en fait pour une fois, ma mère était fière de moi. Alors elle a pas pu se taire, elle a raconté votre visite et mon inscription dans une école prestigieuse à plusieurs copines et pratiquement toute la tour est au courant.

Je levai les yeux au ciel en disant :

— J'aurais préféré plus de discrétion, mais ce n'est grave dans moins d'une demi-heure nous serons parties.

Zaya avala péniblement sa salive.

— Je ne crois pas. Elle a organisé sur les conseils de ses copines un... genre de... goûter d'adieu. En fait, tout le monde voulait voir à quoi tu ressemblais et si ma mère n'en avait pas rajouté !

— Pas rajouté ?

Une fois de plus, j'étais sidérée par le comportement humain. Faisant contre mauvaise fortune bon cœur, je dis :

— Un goûter c'est sympa, mais il faudra le prendre très rapidement.

Zaya se racla la gorge avant de continuer.

— Ben elle a fait ça... version tradition du pays ! Elle a préparé le thé à la menthe et quelques petites choses à manger. Le mieux serait que tu rentres pour voir.

Quelque peu inquiète, je suivis Zaya dans le salon pour constater... ce que je nommerai... l'ampleur des dégâts ! Car pour moi et mon problème de temps, la profusion de gâteaux qui recouvrait la table du salon était vraiment une catastrophe !

Mais comment refuser une telle gentillesse sans faire preuve de grossièreté ? J'essayai déjà de trouver la meilleure parade, quand Madame Rachid sortit de sa chambre vêtue de ses plus beaux atours en se précipitant sur moi.

— Ouh ! Madame de Grandpierre, comme je suis contente de vous revoir, mais je peux vous appeler Friza, ça me ferait tellement plaisir.

Je hochai la tête en signe d'assentiment, ne pouvant de toute manière placer un mot et laissai la maman de Zaya continuer.

— Comme je sais que vous aimez les traditions, je me suis dit que pour le départ de Zaya, une petite fête comme au pays, ça vous ferait plaisir. J'ai juste invité trente personnes, enfin peut-être quarante, pas grand-chose quoi. Pas vraiment une grande fête, j'aurais voulu faire mieux en votre honneur, mais j'ai pas la place, vous comprenez ?

J'allais répondre, quand un groupe de femmes parlant et gesticulant pénétra dans la pièce pour interpeller Madame Rachid. Je posai un regard interrogatif sur Zaya, qui seule dans un coin, hésitait entre le fou rire et la consternation. Discrètement je m'approchai de la jeune fille pour lui demander :

— Comment envisages-tu la suite des événements ? J'ai programmé ma transformation pour deux heures, trajet compris. Nous pouvons rester au grand maximum une demi-heure. Je n'ai pas envie de me retrouver dans ma forme originelle, sans voiture, avec toi et ta valise en plein milieu du périphérique !

Zaya laissa éclater un rire nerveux, sans doute trop longtemps contenu.

— Je sais Friza, mais je t'avais prévenue qu'avec ma mère, c'était pas gagné.

— Pas gagné ? Les papiers de ton admission sont signés, ta valise est prête, je suis à l'heure, pour moi tout est en ordre.

— Ouais bien sûr, quand je veux dire que c'est pas gagné, c'est par rapport à son caractère et ses fameuses traditions.

Je soupirai en disant :

— À mon humble avis, le bavardage est un problème plus important que les traditions.

— Ben ça en fait partie, si tu veux.

— Dans l'immédiat j'aimerais, jeune fille, que tu reprennes un langage plus académique. N'oublie pas où je t'emmène, tu dois impérativement faire un effort.

— Justement j'avais une question à te poser concernant l'école. Je leur raconte quoi aux filles qui seront là-bas ?

N'ayant nullement envisagé cette perspective, je me grattai la nuque en réfléchissant, lorsque Zaya s'exclama.

— T'y a pas pensé ? Ben moi si. Je veux bien faire des efforts de langage et crois-moi je me suis exercée, même ma mère n'en revient pas, mais je craque parce que j'ai peur d'avoir l'air d'une nulle.

Je vis une larme perler sur le bord de ses longs cils. La prenant tendrement par le bras, je l'attirai jusque dans sa chambre, quand une troupe de femmes piaillantes, menée par Madame Rachid, surgit devant nous.

— Zaya ! Tu ne vas pas accaparer Madame Friza, elle a même pas goûté un seul gâteau.

Je sautai sur l'occasion.

— Oh chère Madame, je suis infiniment touchée par votre chaleureux accueil, mais vous connaissez mon état et mon estomac refuse toutes sucreries, je suis pour l'instant condamnée aux crudités.

Madame Rachid ne se laissa pas décourager.

— Je sais, je sais et je vous ai préparé une tisane, vous buvez ça avant et tout passe.

J'affichai un sourire de circonstance en essayant de trouver une échappatoire. Connaissant bien sa mère, Zaya une fois encore me sauva la mise.

— Maman s'il te plaît ! Friza vient de me confier que sa grossesse risque de lui causer des problèmes, son médecin lui a recommandé la plus grande prudence et aucune contrariété.

— Quelle contrariété ma fille ! Je veux juste faire plaisir, s'insurgea la brave femme.

— Ne vous inquiétez pas, chère Madame, je ne suis nullement contrariée, mais je dois effectivement suivre un régime strict et éviter de me fatiguer. Or, j'ai encore beaucoup de travail à faire, je dois emmener Zaya à l'école et veiller à son installation. Voilà pourquoi nous devons partir rapidement.

L'air anéanti de Madame Rachid me fit de la peine. J'imaginai le travail qu'elle avait fourni pour préparer cette petite réception et j'étais sincèrement navrée de la décevoir. J'envoyai un clin d'œil à Zaya pour la rassurer et prenant sa maman par le bras, j'annonçai.

— Eh bien, au diable mon médecin, je vais boire votre tisane et goûter vos si tentantes pâtisseries.

Madame Rachid était aux anges et Zaya nous suivit sans trop comprendre mon changement de comportement.

Assise à la place d'honneur, le dos confortablement appuyé sur de nombreux coussins, Madame Rachid s'installa à ma droite et je fis signe à Zaya de se mettre à ma gauche avant qu'une inconnue ne prenne cette place, apparemment convoitée. Elle me donna la tisane salvatrice et me prépara une assiette avec un assortiment de cornes de gazelles, de sablés aux amandes, de gâteaux au miel, de nougats aux arachides et de loukoum.

Profitant du babillement général, Zaya s'approcha de mon oreille pour me demander.

— Question indiscrète, ça mange une fée ?

— Absolument pas comme les humains.

— Et comment espères-tu avaler tout cela ?

Je soupirai et décidai d'expliquer mon plan à ma jeune amie.

— Je suis dans ce que vous nommeriez une impasse. Je ne peux pas avaler ces gâteaux, je ne peux pas laisser passer le temps et je ne peux pas faire de peine à ta maman. Pour que cette journée soit parfaite et laisse un merveilleux souvenir à toutes ces dames, je n'ai qu'une solution…

— Faire appel à la magie ! murmura Zaya, les yeux brillants d'excitation.

— Oui je n'ai pas le choix. Mais ce sera une petite magie, sans rien de commun avec ce que tu as déjà vécu. J'ai juste un petit souci…

— Tu entends quoi par petit souci ?

Je me raclai discrètement la gorge et voyant l'air peu rassuré de Zaya, je me lançai :

— Tu sais que mes pouvoirs sont amoindris dans la forme humaine et je n'ai jamais pratiqué d'acte magique dans un corps de femme.

Zaya resta d'abord la bouche ouverte, puis reprenant sous le choc, son vocabulaire habituel s'exclama.

— Ben laisse béton, pour une première, c'est pas le jour !

— Nous n'avons pas d'autre échappatoire et je te signale que ton avenir est en jeu sur ce coup-là !

— J'ai priscom, tout va foirer pour moi comme d'hab !

Je soupirai à fendre les ailes d'une légion de fées.

— S'il te plaît Zaya, parle correctement, j'ai autre chose à faire que de la traduction simultanée !

— Ouais mais j'ai vraiment les j'tons !

Zaya se mordit la lèvre.

— Excuse-moi Friza, seulement tu ne peux imaginer à quel point je suis angoissée.

— Crois-tu? Depuis que je suis dans votre monde, je passe mon temps à expérimenter. Chaque acte de magie est une première, alors si quelqu'un doit être angoissé, c'est moi et je ne le suis pas! J'ai confiance aux Forces Supérieures, en mes pouvoirs, en moi et en toi.

— En moi?

— Bien sûr, n'avons-nous pas maîtrisé ensemble des situations bien plus périlleuses? Tu as toujours assuré et j'ai besoin de ta confiance. Le doute est le pire ennemi, il ne doit jamais franchir la porte de ton esprit sous peine de t'anéantir.

Zaya me gratifia d'un merveilleux sourire et coquine me lança.

— Si tu veux mon avis, il avait déjà largement ouvert la porte!

— Alors referme-la tout de suite. Nous n'avons plus de temps à perdre.

— Bien chef, on fait quoi?

— Qu'allons nous faire?

Zaya me fit une petite grimace moqueuse.

— Je pense recommencer l'opération que j'ai effectuée à Roissy pour sortir David d'une regrettable situation, dont il faut bien l'avouer, j'étais la cause.

Zaya me regarda avec un air interrogateur.

— Ce serait trop long à raconter. Nous aurons tout le temps pour les bavardages lorsque nous aurons quitté cet appartement. À présent je vais voler une minute au temps. Je profiterai de ces soixante secondes magiques pour vider mon assiette, récupérer ta valise, prendre congé de ta maman et de ses amies, en leur laissant un impérissable souvenir et franchir la porte d'entrée.

— Rien que cela! s'exclama Zaya.

— Tu veux plus?

— Si tu arrives déjà à faire tout le programme, ce sera super.

— Ne t'inquiète pas, tout va très bien se passer.

Pour moi non plus le doute n'était pas permis. Bien qu'ayant peu de pouvoir dans cette enveloppe féminine, l'opération, beaucoup plus simple que la précédente, compenserait cette perte. Je ne devais pas retourner dans le passé mais simplement arrêter le temps et transformer le futur immédiat.

Je sortis négligemment ma baguette de cristal de mon sac et sans laisser à ces dames la moindre chance de poser une question, je commençai mon rituel. Je prononçai les formules et une éblouissante lumière sortit de la baguette. La tenant fermement, je dessinai les signes kabbalistiques appropriés et modulai les sons adéquats. Bientôt toute la pièce fut nimbée d'un voile rosé et au-dessus de chaque femme, une petite étoile brillait, les empêchant de faire le moindre geste.

En un éclair, je fis disparaître la tisane et le contenu de mon assiette, ouvris la porte d'entrée et y déposai la valise de Zaya. Pour terminer je lançai une fine poudre de nacre musicale et le temps reprit sa marche. Aussitôt le babillement habituel de ces dames fit de même.

Tout s'était parfaitement déroulé et chacune semblait ravie. Pourtant un air chagrin commençait à se dessiner sur leur visage et j'en compris de suite la raison. Cette opération magique, aussi simple soit-elle, m'avait épuisée et la mine affreuse que j'affichai devait être la cause de cette compassion. Zaya, pensant que ma vilaine physionomie était un atout supplémentaire pour précipiter notre départ, prit la parole.

— Tu es contente Maman, Friza a mangé et bu tout ce que tu voulais et maintenant regarde la tête qu'elle a, nous devons partir avant qu'elle soit encore plus malade.

Dès que sa mère ouvrit la bouche, je compris l'erreur de Zaya.

— Partir, avec cette tête à faire peur ! Ah ma fille, tu ne penses qu'à toi, il faut qu'elle s'allonge une petite demi-heure, on va bien s'occuper d'elle. Ne t'en fais pas, ton école, elle va pas s'envoler.

Déjà les autres femmes approuvaient de la tête et avançaient imperceptiblement dans notre direction. Zaya était sans doute affolée, mais s'il y avait eu un concours de panique, j'aurais été certaine de le gagner. Je ne pouvais accepter de me retrouver dans la même situation qu'avant mon rituel et j'intervins avant d'être emportée par toutes ces mains qui commençaient à se tendre vers moi.

De tout mon être j'implorai la Fée Lumière de me donner la force qui me manquait dans cette forme humaine. Elle était mon dernier recours et je dirigeai le peu d'énergie qui me restait vers la sphère où elle vivait.

Son aide fut immédiate, une onde de puissance descendit sur moi et me régénéra. Sans perdre une seconde, je m'immisçai dans la conversation que Zaya avait avec sa mère.

— Chère Madame, je suis très touchée par votre sollicitude, mais ce n'était qu'un malaise passager. J'ai simplement abusé de vos délicieuses pâtisseries, l'air frais va me faire le plus grand bien. Et puis Zaya a raison, nous avons de nombreuses choses à faire et je risque de les accomplir plus lentement, alors autant partir de suite.

Je joignis le geste à la parole et pour ponctuer mon adieu, je serrai Madame Rachid dans mes bras. J'espérai que nos vêtements fassent une barrière suffisante entre sa peau et la mienne, mais elle ne put s'empêcher de me dire :

— Vous êtes à nouveau glacée, ne traînez pas trop dehors, à mon avis vous couvez un bon rhume en plus de votre grossesse. Vous voulez pas emmener du thé chaud ?

Je l'interrompis sans ménagement.

— Non c'est inutile, nous prendrons une boisson chaude en faisant les courses nécessaires pour votre fille. Merci pour tout et au revoir Mesdames.

Sur ces mots, je tournai fort peu courtoisement les talons et empoignai Zaya par le bras pour nous engouffrer sans attendre dans l'ascenseur qu'elle venait d'appeler.

En quelques minutes, nous étions enfin installées dans la voiture et je démarrai sans attendre, pendant que Zaya faisait de petits signes de la main en direction des fenêtres où ces dames étaient agglutinées. Je quittai aisément le quartier et me dirigeai vers la capitale, quand j'entendis un sifflement admiratif.

— Ben dis donc, t'es chébran pour la conduite !

— Pardon Zaya ?

— Excuse-moi, j'ai voulu dire… Bravo, tu es très douée pour conduire une voiture.

— Oui, je dois avouer que je me suis rapidement adaptée à ce mode de locomotion.

Curieusement le reste du trajet se déroula dans un profond silence. Imaginant sans peine le bouleversement que ce départ, même tant espéré, devait provoquer chez Zaya, je respectai son mutisme. Je fus presque surprise d'entendre sa voix à notre arrivée devant le domicile de David.

— Ouah! Le look est différent de mon quartier.

Je souris en disant:

— Tu as voulu une nouvelle vie, je te l'offre et elle commence aujourd'hui.

Zaya baissa la tête et murmura:

— Tu as raison, j'ai voulu une nouvelle vie, mais j'ai peur Friza!

Je posai ma main sur son bras en signe d'apaisement. Comme le font les humains, j'aurais voulu la serrer affectueusement dans mes bras et ce désir me surprit. Était-ce le fait d'être dans cette enveloppe corporelle ou quelque chose de plus profond qui se transformait en moi?

Le frisson qui parcouru Zaya me tira de mes pensées.

— Même au travers de mes gants, tu ressens la froideur de mon corps, mais mon cœur est chaud, enfin dire qu'il est rempli d'affection pour toi serait plus exact.

— Je sais que tu m'aimes, ma petite fée.

Zaya marqua une pause avant de poursuivre:

— Sans toi, rien de tout cela ne se serait produit, je serais encore là-bas en train de faire l'andouille. Tu m'as sauvée et je dois t'avouer que je me suis incroyablement attachée à toi. Je n'ai jamais aimé aucune copine comme je t'aime.

— C'est un phénomène qui arrive souvent avec les fées. Les humains s'attachent à nous, ce qui peut parfois poser des problèmes. Enfin jamais avec les fées de glace. Nous n'avons ni la taille, ni la chaleur pour plaire à un humain. Bon, je m'égare. En fait, je n'ai pas souvenir d'avoir entendu parler d'amitié entre un humain et une fée. Nous aidons souvent les hommes sans qu'ils en soient conscients, des histoires d'amour, le plus souvent malheureuses, parfois même tragiques, jalonnent nos archives, mais l'amitié entre une fée et un humain mâle ou femelle ne m'a jamais été narrée.

Zaya laissa exploser sa joie.

— Alors c'est une première! Tu te rends compte, nous sommes des... pionnières! C'est totalement génial, c'est bien la première fois que je suis première en quelque chose.

— Tu oublies le dessin !

— Non, ce que je voulais dire, c'est être la première à réaliser une chose que personne n'a jamais faite. Un peu comme être dans le livre des records. Tu comprends ?

— Je ne sais pas ce qu'est le livre des records, mais il est certain que notre grande première ne fera la une d'aucune presse humaine. Par contre cela va être inscrit dans la mémoire de notre peuple.

Zaya dit en riant :

— En clair, ça va être toi la vedette !

— Oui, peut-être... mais j'ai changé. Avant de partir une telle affirmation m'aurait gonflée d'orgueil, à présent je ne ressens que le plaisir de notre amitié, la joie de te voir réussir et d'y avoir un peu contribué.

— Un peu, s'exclama Zaya. Mais sans toi rien ne serait arrivé.

— Disons que j'ai été le détonateur, mais tout le grand travail qui reste à faire repose uniquement sur toi.

— Je sais et c'est pour cela que j'ai peur. Tout va être nouveau pour moi, l'adaptation, les contacts avec les autres élèves, sans parler des études de dessin et de peinture.

— Laisse parler ton cœur et ta créativité et tout se passera bien. Les autres élèves ne sont pas des monstres, comme toi ce sont des artistes en herbe et je dois te l'avouer toutes ne viennent pas de milieux aisés.

Zaya cligna des yeux en dodelinant de la tête.

— D'accord ! Alors pourquoi as-tu insisté pour que je change mon vocabulaire, pour que j'aie l'air d'une miss 16e ?

— Parce que je pense que cela te sera très utile pour l'avenir. Je vais te dire deux ou trois petites choses. D'abord les élèves qui viennent de milieux proches du tien ne parlent pas forcément aussi mal que toi.

Zaya fit la moue, leva les yeux au ciel et voulut m'interrompre, mais je ne lui en laissai pas le temps.

— Ensuite toutes ne vont pas devenir célèbres et être... Bon, je pense t'en avoir assez dit, peut-être même trop.

Le visage de la jeune fille rayonnait.

— Tu viens de dire que je serai célèbre !

— Je viens de dire que toutes ne le seraient pas.

— Friza ! Ne joue pas sur les mots, je serai célèbre ? S'il te plaît…
tu veux bien me répondre !

Je pris le temps de réfléchir.

— Pour te réconforter, je me suis laissée aller à trop parler, me voilà
donc obligée de te donner quelques explications. Je peux voir les
grandes lignes du futur et le tien semble être prometteur, mais vous avez,
vous autres humains, une chance énorme qui se nomme le libre arbitre.
Vous pouvez dans une certaine mesure interférer sur votre destinée.

Zaya s'empressa de m'interrompre :

— Je n'ai pas l'intention de changer ce qui doit être super !

Je souris et continuai :

— Absolument. Ce que je veux te faire comprendre, c'est que la
vision que j'ai de l'avenir peut être modifiée par ton comportement
en bien ou en mal. Si tu ne travailles pas assez, si tu ne fournis pas
tous les efforts nécessaires pour réussir, la chance potentielle qui
est… comment dire, suspendue au-dessus de ta tête ne pourra se
manifester. Tu restes l'artisan de ta vie. Personne ne peut la vivre à
ta place.

Zaya hocha la tête en signe d'assentiment et prit le temps avant de
me répondre :

— J'ai compris. Et ne regrette pas d'avoir trop parlé. Le fait de
savoir que je peux réussir va être pour moi un incroyable moteur pour
m'accrocher.

Ravie des retombées positives de mon bavardage, j'en profitai dans
un incontrôlable élan, pour embrasser Zaya qui sursauta.

— Ouah ! Tu m'embrasses comme une humaine.

— Oui, je dois dire que je suis la première surprise des changements qui s'opèrent en moi.

— Tu vas devenir définitivement humaine.

Cette assertion me fit ouvrir des yeux gros comme des soucoupes.

— Moi, jeune fille, je n'ai pas de libre arbitre et de plus changer de
règne n'est jamais sans graves conséquences, quand cela est possible !

— Eh eh, tu n'es pas comme les autres fées de glace. Et si moi je
te prédisais l'avenir, que dirais-tu ?

J'étais de plus en plus éberluée par les propos de Zaya.

— Que me racontes-tu ? Serais-tu aussi prophétesse ?

Zaya laissa échapper un rire juvénile.

— Qui sait… En fait je ne me suis jamais intéressée à ces trucs-là. Pour moi c'était même des foutaises, mais il paraît que ma grand-mère lisait l'avenir dans les coquillages.

— Ben mince alors, trop dingue !

— Ah, Mademoiselle Friza change de genre !

— Ça doit être l'émotion.

— L'émotion ? Le fait que ma grand-mère était voyante te provoque une émotion !

— Oui en quelque sorte.

— Raconte.

Je poussai un profond soupir.

— Tu as décidé de me faire parler plus que de raison, il me semble !

Zaya éclata à nouveau de rire.

— Je suis curieuse et puis c'est quand même ma grand-mère qui a été le déclencheur.

— Si l'on veut. J'ai surtout l'impression qu'une partie de la situation m'échappe, il est temps que je reprenne ma forme naturelle, ce qui d'ailleurs ne devrait pas tarder. Je vais garer la voiture dans le parking souterrain et nous monterons chez David.

— Ne cherche pas à te défiler, en femme ou en fée, tu dois me dire pourquoi t'as eu une émotion.

— D'accord, mais je préfère quitter cette voiture. Je m'imagine mal la conduire avec ma taille réelle. Un peu de patience, je te promets de parler.

Et sur cette dernière phrase, je m'engageai dans le parking.

À peine installée dans le salon de David, je sentis les prémices de ma transformation. M'éloignant vers la salle de bains, je demandai quelques minutes à Zaya.

L'opération dans les deux sens se déroulant de plus en plus facilement, je fus très rapidement de retour et fis sursauter la jeune fille en me posant sur son épaule.

— T'as été vite !

— Oui, apparemment les changements se font plus aisément au fur et à mesure que je les pratique.

— Sur ce point vous êtes semblables à nous. Plus tu pratiques et plus tu vas vite. Alors dis-moi pourquoi ma grand-mère et ses coquillages t'ont perturbée.

Je réfléchis un instant avant de répondre. Je ne voulais et surtout ne devais pas trop en dire. Néanmoins je sentais que les humains, en général et Zaya en particulier, avaient souvent besoin d'encouragements et je me décidai à lui confier quelques bribes concernant le futur.

— En me disant que ta grand-mère lisait dans les coquillages, j'ai compris qu'un lien unissait toutes les personnes que j'ai déjà rencontrées.

Impatiente Zaya m'interrompit :

— Tu veux dire un lien commun entre Charlotte, David et moi ?

— C'est exact. La grand-mère et la grand-tante de David lisaient dans le marc de café et la tienne dans les coquillages, il est évident que vous avez hérité de leurs capacités. Quant à Charlotte, je ne sais pas qui le lui a transmis, mais elle a aussi le Don.

Zaya pencha la tête sur le côté et me fixa ironiquement de ses grands yeux.

— Tout à l'heure c'était pour rire, je ne sais pas lire l'avenir. Mais… quand je t'ai dit que tu allais devenir humaine, là c'était comme une sorte de flash avec une certitude absolue.

Profondément troublée par la dernière phrase de la jeune fille, je fis une pirouette pour essayer de me remettre les idées en place.

— Vois-tu Zaya, ce que l'on appelle le Don ne consiste pas uniquement en des prévisions concernant l'avenir. Il peut se manifester différemment, par exemple le fait de me voir aisément est une de ses manifestations.

Zaya eut un petit sourire en coin.

— Tu veux dire que je me plante quand je te dis que tu vas devenir humaine ?

J'émis un petit son de gorge avant de continuer.

— Non ce n'est pas ce que j'ai voulu dire… En vérité je ne sais pas. Tu as sans doute capté quelque chose de très réel, d'où ta certitude absolue, mais chez les humains la voyance est une chose particulière, elle s'accompagne souvent d'interférences et l'interprétation des symboles n'est pas facile.

— Je sais, mais il n'y avait aucun symbole à interpréter, puisque je n'avais pas de coquillages ou de tarots.

Je restai un moment sans voix. Pour une fois, Zaya attendait patiemment que je reprenne la parole, mais la situation me dépassait. Ne pouvant différer ma réponse plus longtemps, je finis par me lancer :

— Je suis d'accord avec toi, le phénomène de voyance, sans support dont tu parles, s'appelle de la haute voyance. La plupart des humains nomment ces cours moments de haute voyance, de l'intuition. Elle les guide et leur évite souvent des erreurs.

Très excitée, Zaya me coupa la parole :

— Tu as raison, on dit toujours qu'il faut suivre ses intuitions. Donc c'est cool, tu vas devenir humaine !

— Non ! m'écriai-je affolée.

— Pourquoi ? Tu ne crois pas à mes intuitions, tu dis que j'ai le don de ma grand-mère, que je suis comme David et Charlotte mais tu veux pas accepter ce que je te dis.

— Je suis désolée Zaya, je ne sais pas ce que tu as capté, je n'ai aucune explication à te donner, mais je ne peux pas devenir humaine. Je te l'ai déjà dit, aucune fée de glace n'est jamais restée dans le monde des humains.

Butée, Zaya répondit :

— Eh bien, tu seras la première !

Je souris avant de lui répondre :

— C'est peut-être moi qui me suis emballée en te parlant d'intuition. Ton désir de me voir rester peut te faire prendre ce que tu as vu pour quelque chose de définitif.

Ne lâchant pas un pouce de terrain, Zaya s'exclama :

— Donc tu admets que j'ai capté quelque chose te concernant.

— Absolument. Mais… comme je vais, dans un proche avenir, me transformer régulièrement en femme, il est probable que tu aies cru à une transformation définitive, ce qui, je te le répète, est impossible.

— Parfait l'avenir nous dira qui avait raison.

La certitude que je lus dans les yeux de Zaya me paniqua. Je décidai de changer de sujet tout en me promettant d'essayer d'en savoir plus dès que je serai seule.

— En attendant jeune fille, je vais te faire faire le tour du propriétaire et te montrer ta chambre.

Zaya me suivit docilement, ponctuant la visite d'onomatopées plus ou moins fortes. Puis devant la dernière porte du corridor, aussi fièrement que si cette demeure m'appartenait, j'ouvris magiquement la porte de façon fort théâtrale en déclarant:

— Voici ta chambre et ta salle de bains privées pour les quelques jours où tu vas demeurer ici. Tu peux te détendre dans un bain parfumé, écouter de la musique ou regarder la télé, il y a tout ce que tu peux désirer dans cette pièce. Je m'occuperai de préparer le dîner pour vingt heures. Cela convient-il à Mademoiselle?

Zaya me regarda interloquée, puis avec un clin d'œil me précisa:

— Tu feras une parfaite maîtresse de maison plus tard.

— Change de sujet veux-tu, ou je vais me fâcher!

— Ouh je tremble de peur, mima Zaya.

Puis déposant un baiser sur le bout de mon nez à l'aide de son index, elle entra dans la chambre en disant:

— Je vais suivre tes conseils et me prélasser jusqu'au dîner.

— Parfait, je viendrai te chercher.

J'écourtai volontairement notre causette, tant j'avais hâte d'être seule pour faire le point sur ses propos qui m'avaient profondément déstabilisée.

Je filai au salon, m'installai sur mon coussin favori et commençai à réfléchir. Hélas, cette réflexion purement intellectuelle, alliée au moelleux de ma couche, ne m'apporta aucune solution et je décidai de me mettre en méditation, comme à l'accoutumée, au frais sur la terrasse.

Je plongeai immédiatement dans une intense concentration. Il n'était pas question cette fois de me régénérer ou de trouver une solution pour résoudre rapidement un problème. Je devais communiquer avec les Forces de Vie, franchir les Arcanes du Temps, aller où tout est inscrit de toute éternité. Je projetai mon esprit vers ce lieu sacré et maintenais ma concentration à son plus haut niveau. Portée par les Forces Cosmiques, je voguai sur des ondes colorées, aspirée par des spirales vibratoires de plus en plus complexes, un bourdonnement incessant emplissait ma tête. Mais mon esprit savait parfaitement où se diriger et bientôt dans toute sa splendeur, je vis le voile du temps, celui qui cache le passé et l'avenir, se soulever légèrement. Mon cœur battait la chamade quand soudain… je me retrouvai au pays des fées.

Devant moi, toujours aussi majestueuse, se tenait la Fée Lumière. Ses prunelles turquoise lançaient des éclairs, ses lèvres s'entrouvrirent à peine et j'entendis un retentissant.

— Friza !

Le son de sa voix me figea et je me mis à trembler.

— Puis-je savoir où tu allais ?

— Je… Je…

Ses yeux me transpercèrent.

— Crois-tu que ce soit une réponse ? J'attends !

J'avalai péniblement ma salive et baissant la tête, j'avouai :

— Je voulais connaître mon avenir.

— Mais ton avenir est au cercle polaire. Dans un an tu reprendras ta place parmi tes sœurs et effectueras le travail qui t'incombe.

— Non ! hurlai-je. Je sais que c'est impossible.

La Fée Lumière me fixa intensément, un indéfinissable sourire aux lèvres.

— Et pourquoi cela ? Aurais-tu une explication valable à me fournir ?

— En fait je n'ai pas vraiment d'explication. Certains éléments me donnent à penser que ma vie ne sera jamais plus comme avant…

Je marquai un temps d'arrêt, ne sachant trop comment expliquer la prédiction de Zaya. Puis me souvenant que la Fée Lumière en avait sans doute déjà connaissance, je continuai :

— En plus de mes propres pressentiments, une jeune fille dont je m'occupe actuellement sur terre m'a confié… m'a confié qu'elle m'avait vue rester dans un corps de femme pour toujours.

La Fée Lumière me regarda d'un air accablé.

— Et naturellement, tu crois cette enfant !

— Non! Enfin... ses paroles m'ont troublée, c'est pour cela que j'ai voulu lever le voile du temps.

— Friza, Friza! Je croyais que tu étais devenue raisonnable, j'avais pleine confiance en toi et te permettais d'agir seule. Que dois-je faire si tu te laisses abuser par la première humaine venue?

— Mille excuses Mère, mais ce n'est pas la première humaine venue. Zaya a le Don, elle l'a hérité de sa grand-mère et...

— Et quoi! Sais-tu combien d'humains ont le Don? Ce n'est pas pour cela qu'ils sont capables de voir l'avenir d'une fée! Ils ont déjà tellement de mal à voir correctement le leur.

Je restai silencieuse un long moment, sachant parfaitement que la Fée Lumière avait raison. Au pays des fées, la réalité de ma sottise m'apparaissait pleinement. Pourtant une minuscule voix se faisait encore entendre au fond de moi et je ne pus m'empêcher de demander:

— Mère, je prends conscience de mon erreur, j'ai moi-même expliqué à Zaya que sa vision était totalement impossible, pourtant cette enfant est si sensible, si intuitive, c'est une artiste, ses sens sont très aiguisés...

La Fée Lumière m'interrompit:

— Aiguisés par la drogue?

— Oh Mère, c'était la première fois.

La Fée Lumière me gratifia de son merveilleux sourire.

— Je vois que tu prends très à cœur ton travail et défends bec et ongles tes protégées. Tu m'en vois satisfaite. Ta mission se déroule parfaitement, je n'ai rien à te reprocher, je dois simplement te demander d'être moins crédule, car l'avenir, puisque tu veux tellement le connaître, te réserve encore de grandes luttes avec les Forces de l'Ombre.

Je baissai la tête, comprenant que la Mère, déviant volontairement la conversation sur mon travail, ne dirait pas un mot de plus sur le sujet qui me captivait. Je lui demandai de me bénir, ce qu'elle fit avec tout son amour et en relevant la tête, mon regard accrocha le sien. J'y lus un étrange mélange de fierté, de tristesse et d'acceptation.

Mais il était trop tard pour émettre la moindre parole, j'étais déjà de retour sur la terrasse parisienne où j'étais entrée en méditation.

Profondément troublée par ce voyage, je secouai mes ailes, dépliai mes jambes et rentrai à l'intérieur pour tenter de mettre un peu d'ordre dans mes pensées.

Le calme de l'appartement fut tout à coup brisé par une sorte de cacophonie. Me doutant qu'il s'agissait de mon amie, je voletai jusqu'à sa chambre. La porte était entrouverte et je me dirigeai vers la salle de bain pour y découvrir un charmant spectacle. Dans la baignoire, Zaya les yeux fermés, de la mousse jusqu'au cou et des écouteurs dans les oreilles, chantait sur la musique qu'elle entendait. En fait, chanter n'était certainement pas le terme qui convenait. Zaya égrenait une suite de fausses notes en hurlant et tapant l'eau de sa main droite pour marquer le rythme. Je souris en remerciant le ciel qu'elle n'ait pas caressé le rêve de devenir chanteuse. La laissant tout à son bonheur, je m'éclipsai pour retourner au salon.

Je m'installai sur l'accoudoir d'un fauteuil et contemplai avec envie l'écran plasma qui était devant moi. Comme il restait désespérément noir et muet, je fouillai dans ma mémoire et compris qu'il fallait se servir d'une petite boîte aux nombreux boutons pour l'animer. Je la cherchai du regard et la trouvai facilement sur la table du salon. Hélas elle était aussi grande que moi et il m'était totalement impossible de la porter. Je pris conscience qu'il me faudrait utiliser quotidiennement la télékinésie, magie rudimentaire pour moi, mais encore surprenante pour les humains, si je voulais découvrir pleinement leur univers. Je fixai intensément l'objet et en quelques secondes, je le fis se déplacer jusqu'au fauteuil. Là, d'un simple regard, j'actionnai le bouton de mise en route. L'écran s'anima de jolies couleurs et je regardai défiler de magnifiques paysages où vivaient de grands animaux sauvages. Je les avais vus pendant le déferlement d'images de mon initiation et si mon cerveau les avait assimilés, les contempler ainsi dans leur milieu naturel aussi facilement que si j'étais au milieu d'eux était absolument fantastique. Je pensai que les humains, même s'ils avaient oublié certains de leurs pouvoirs, réalisaient de formidables inventions. La voix de Zaya me tira de ma contemplation.

— Tu regardes Ushuaïa ?

Je la fixai d'un air interrogateur.

— C'est le nom de l'émission. C'est cool, ça permet de voyager gratos et puis Nicolas Hulot t'explique bien que la planète est foutue si on ne fait pas marche arrière.

À la vitesse de la lumière, tout ce que mon cerveau avait emmagasiné aux pays des fées me permit de comprendre de quoi parlait Zaya et j'approuvai.

— Vous n'imaginez pas à quel point vous devez prendre conscience de la réalité de votre terre et de ce qui risque de vous arriver. Même si je n'ai pas le droit de dévoiler le futur de ta planète, je puis t'affirmer que vous devez écouter les prévisions alarmistes. Ce sont les jeunes de ton âge et les plus petits qui feront la différence, mais il faut que les adultes d'aujourd'hui prennent des mesures drastiques.

— Ouah, j'ai toujours su que tu avais du vocabulaire !

— Dans le cas présent peu importe le vocabulaire, c'est d'action et d'éducation dont il s'agit. Les jeunes doivent prendre de bonnes habitudes, économiser l'eau et l'énergie. Ne pas laisser des ampoules brûler inutilement et des robinets ouverts sans raison. Et bien sûr éviter le gaspillage. Consommer est une chose, consommer idiot en est une autre.

— Ben toi alors, tu m'épateras toujours. Tu viens d'arriver et tu connais déjà tout !

Je souris gentiment.

— Disons que je suis venue avec un petit bagage de connaissances sur les humains et leur planète. L'adaptation n'est pas une mince affaire pour moi, il était normal que je sache à peu près où je mettais les ailes. Mais il n'en reste pas moins vrai que la théorie et la pratique sont deux choses différentes et je suis déjà affolée par votre manque de réalisme concernant les problèmes climatiques.

— Tu me fiches la trouille, tu crois que c'est aussi grave qu'ils le disent.

— Oui, comme je viens de te le dire, c'est grave. Mais prendre des mesures et agir au quotidien ne veut pas dire faire du catastrophisme. Vous devez là aussi trouver le juste milieu qui vous fait tant défaut.

Zaya réfléchit un moment avant de reprendre la parole.

— Je sais que tu n'as pas le droit de me parler de l'avenir de la terre, mais peux-tu me dire si nous allons tous mourir.

— Quand je te parlais de juste milieu, en voilà un bel exemple. Non vous n'allez pas tous mourir. Ta planète va se… transformer, mais elle ne va pas disparaître ou rendre toute vie impossible. Son cycle d'évolution n'est pas terminé et le vôtre non plus. Seulement la vie y sera différente et certains, hélas, la perdront. D'où l'urgence de vous préparer. Les périodes de transitions sont toujours pénibles à vivre. Ceux qui naîtront dans soixante ou cent ans n'auront pas de difficultés puisqu'ils ne connaîtront pas autre chose. L'épreuve sera pour ta génération et ceux de l'ancienne qui seront encore vivants.

— Ben c'est bien ma chance !

— Absolument, car toute épreuve est profitable et celle-ci le sera au plus haut point.

— Et j'aurai un rôle à jouer.

— Est-ce une question ou une affirmation ?

Zaya pouffa de rire dans sa main.

— Un peu les deux. Je ressens parfois des choses bizarres, comme si une porte s'ouvrait. Je commence à apercevoir une scène et au moment où je veux regarder davantage, tout disparaît. Il me reste… pas un souvenir, plutôt une sensation et une intuition que je ferai quelque chose d'important. Ma mère dit que je rêve éveillée et que je ferais mieux de travailler. Mais pourtant tu es bien là toi et maintenant je commence à comprendre que ce que je vois parfois n'a rien d'un rêve. C'est… autre chose !

— C'est l'envers du décor, la porte ouverte sur le temps et les mondes qui vous entourent.

— Ouah c'est dingue et en plus quand tu le dis, ça semble tellement simple.

— C'est simple, je te l'ai déjà expliqué. Les humains ont seulement oublié les pouvoirs qu'ils possédaient et ils se croient seuls dans l'univers.

— Avec tout ce que nous avons vécu, je n'ai plus aucun doute sur l'existence des mondes parallèles, mais beaucoup de trucs se bousculent en moi concernant mes intuitions et mon avenir.

— Laisse le temps au temps, tout se mettra en place au moment voulu. N'est-ce pas déjà ce qui arrive ?

— Si et tu sais quoi ?

Je la regardai avec un air soupçonneux.

— J'ai une faim trop mortelle.

Je tressaillis.

— Oh quelle vilaine formule ! Sache que les mots sont importants. Le Son a créé l'univers et chaque mot est porteur d'une vibration. Manger te permet de vivre, comment ta faim pourrait-elle être mortelle ?

Zaya me regarda sérieusement avant d'ajouter :

— Quand tu parles sur ce ton, je sais qu'il faut tenir compte de ce que tu dis. Donc Mademoiselle Friza, pourrions-nous manger, car j'ai extrêmement faim.

Voletant à la hauteur de son visage, je souris en lui demandant.

— Et que désire manger Mademoiselle ?

— On pourrait aller au Mac Do.

— Tu veux sortir ? m'exclamai-je.

— Ben oui, pas toi ?

Je laissai échapper un long souffle entre mes lèvres.

— Sortir exige pour moi une nouvelle transformation, je pense que pour ce soir, nous dînerons ici.

Zaya fit la moue.

— Mettrais-tu en doute mes talents de cuisinière ?

Zaya me regarda mi-figue mi-raisin avant de demander.

— C'est toi qui vas faire la cuisine ?

— Si on veut, dis-je avec un sourire moqueur.

— D'acc… j'ai compris. Tu vas faire de la cuisine magique.

— Absolument et si tu veux bien me dire ce que l'on mange chez Mac, je ne sais plus trop quoi, tu auras ce que tu désires.

— Génial et je peux regarder comment tu fais ?

— Non, tu restes là, la cuisine est mon domaine. Tu peux par contre dresser le couvert dans la salle à manger.

Zaya éclata de rire.

— Ai-je dit quelque chose de drôle ?

— Ah ouais, franchement. Je vais t'expliquer ce que l'on mange chez Mac Do et tu pigeras de suite que je n'ai pas besoin de mettre la table.

Je me laissai choir sur mon coussin fétiche et déclarai :

— Eh bien, je t'écoute.

Zaya commença à m'expliquer en quoi consistait la cuisine que l'on servait chez son fameux Mac Do. Je souris à l'énoncé du programme, car pour moi une telle préparation se réaliserait en un battement d'ailes.

— Parfait, je file à la cuisine et je reviens avec ton plateau-repas.

Aux anges, Zaya s'affala sur le canapé.

Le reste de la soirée se déroula dans la bonne humeur. Malgré son langage quelquefois surprenant, Zaya était une jeune fille fraîche et gaie. Je voyais son avenir se dessiner au fur et à mesure que la soirée se déroulait et mes visions me remplissaient d'aise.

Le jour suivant fut passionnant. Si Zaya était ravie de pouvoir faire les boutiques sans regarder à la dépense, j'étais, quant à moi, fascinée par tout ce que je découvrais. La vue, le toucher et l'odorat adaptés à ma forme humaine faisaient naître en moi de grands plaisirs. Les essences me procuraient une immense volupté. J'avais sans cesse le nez plongé dans les flacons de parfum et j'essayai toutes les senteurs sur la moindre parcelle de peau de mes mains. Lorsque je découvris le velouté des crèmes de beauté, l'onctuosité des laits, le satiné des huiles, je ne résistai pas au plaisir de m'enduire ce qui restait d'épiderme disponible, en remontant les manches de mon manteau. J'étais au jardin des délices et Zaya riait sous cape de me voir agir ainsi. Interloquées, les vendeuses me dévisageaient. Mon comportement ne correspondait pas à mon style vestimentaire et linguistique et pour une fois ce fut Zaya qui me rappela à l'ordre.

— Je crois que tu devrais te retenir un peu. On dirait une folle qui va manger les crèmes et les parfums au lieu de les essayer.

N'ayant pas pris conscience de mes agissements, je me tournai vers Zaya avec un air affolé.

— Penses-tu vraiment ce que tu viens de dire ?

— Absolument. Tu n'as qu'à regarder la tête des filles.

Je pris la peine de faire ce que Zaya me conseillait et voyant la mine à la fois effarée et quelque peu dégoûtée que ces dames affichaient, un irrépressible fou rire s'empara de moi. Je décidai d'entraîner la jeune fille dans le rayon voisin, me promettant toutefois de découvrir un autre palais des senteurs dans un nouveau magasin. Une fois mon excès de gaieté passé, je pris mon amie par le bras et lui demandai :

— As-tu tout ce dont tu as besoin pour ta nouvelle existence ?

— Oh oui Friza, jamais je n'aurais imaginé avoir autant de fringues, de maquillage, de linge, sans parler du MP3, de la Nitendo et de toutes les autres choses que tu m'as offertes.

— Ce n'est pas moi, la carte bancaire appartient à David, je ne suis que ton chaperon.

— Ben comme chaperon, je te préfère à ma mère.

— Peut-être, mais ta maman a toujours agi pour ton bien et quelle que soit ta vie aujourd'hui ou dans le futur, n'oublie jamais qu'elle t'a donné le meilleur d'elle-même.

Pas totalement convaincue, Zaya dodelina de la tête.

— Les années te feront comprendre. Rien n'arrive par hasard et ta maman a essayé de t'inculquer des valeurs que tu ne voulais pas accepter, mais qui petit à petit te reviendront et te serviront.

— Tu as sans doute raison et on ne peut pas dire que je lui ai facilité la tâche.

— Bravo, je vois que tu commences à prendre conscience. Je pense qu'il est temps de rentrer à présent, demain je te conduirai à ton école et puis je partirai vers d'autres cieux.

Le visage de Zaya s'assombrit.

— Tu vas où ?

— Pour être honnête, je ne sais pas encore. Je dois laisser parler mon intuition, voir si mes instances supérieures sont d'accord avec et ensuite… partir où mon destin m'appellera.

— Tu vas me manquer, j'espère au moins que l'on se reverra.

— Ne dites-vous pas « qu'il n'y a que les montagnes qui ne se rencontrent pas » ?… Alors sois confiante.

Zaya eut son sourire coquin avant d'affirmer.

— De toute façon tu seras bientôt une vraie humaine.

Je sursautai et ajoutai fermement :

— Je te prie de ne pas recommencer avec cette folle histoire.

— Mais…

— S'il te plaît, plus un mot sur ce sujet, d'accord ?

— Bon d'accord, j'veux pas te contrarier pour notre dernier jour.

Nous sortîmes du magasin et cette dernière journée en compagnie de Zaya se termina devant une formidable coupe de glace multicolore surmontée d'une montagne de crème chantilly. Je me demandai comment elle allait pouvoir avaler cet édifice, mais l'opération se déroula tout naturellement. Après avoir léché la moindre parcelle de crème sur sa cuillère, Zaya poussa un soupir de contentement et s'appuyant sur le dossier de sa chaise, m'affirma :

— Je n'ai jamais rien mangé d'aussi génial.

Je lui répondis ironiquement :

— Je suis ébahie par ta capacité d'absorption.

— Évidemment tu ne manges pas !

— Certes pas comme vous, mais j'ai déjà vu David et Charlotte déjeuner. Ils mangent beaucoup moins que toi ! Es-tu certaine de ne pas être malade demain ?

— Je serais peut-être un peu malade si j'en prenais une deuxième, c'est pour cela que je ne le fais pas.

Je levai les yeux au ciel et Zaya rit aux éclats.

— T'inquiète pas, je serai au top demain. Bon quand j'aime quelque chose, j'ai un peu tendance à exagérer, mais j'ai un estomac en béton.

— Parfait pour l'estomac, mais permets-moi de te dire que l'exagération en tout est un défaut.

Zaya fit la moue.

— Et tu vas devoir faire des efforts pour le corriger sans bouder. Ne t'ai-je pas raconté que moi aussi j'avais dû changer mon caractère ?

Zaya hocha la tête en signe d'approbation et la prenant par les épaules, je lui déposai un baiser sur la joue avant d'ajouter :

— Rentrons maintenant, je veux que tu sois en grande forme et jolie comme un cœur demain matin.

Zaya approuva. Je réglai l'addition et une fois sur le trottoir je cherchai un taxi. Mes yeux se posèrent sur une voiture dont le petit promontoire sur le toit me confirma son emploi. Et bien qu'encore loin, le taxi changea de file comme par enchantement et se dirigea droit vers nous. Je souris intérieurement, pensant qu'il y avait certains avantages à être une fée.

165

Le lendemain matin Zaya se leva de bonne heure et prit un soin particulier pour se maquiller et s'habiller. Les vêtements achetés la veille lui allaient à ravir et c'est une jeune fille, bien différente de celle rencontrée le soir de Noël, que je conduisis à son école d'art. Le côté administratif ayant été réglé, j'accompagnai Zaya en tant qu'amie américaine de Monsieur David de Grandpierre, fondateur de l'école, pour l'aider à s'installer.

La chambre qu'elle allait partager avec une autre étudiante, qui n'arriverait que dans quelques jours, était claire et spacieuse. Chacune avait son lit, son armoire et une petite étagère où mettre livres et objets décoratifs personnels. Au centre se trouvait une table assez grande pour qu'elles puissent y travailler de concert et au fond une porte donnait sur une salle d'eau minuscule, mais fonctionnelle. Après avoir fait le tour du propriétaire et posé sa valise sur le lit, Zaya se tourna vers moi, l'air inquiet.

— La chambre est super, mais tu crois que la fille sera sympa, qu'elle va pas me prendre pour une nulle?

— Sois sans crainte. David s'est personnellement occupé de choisir ta compagne de chambre. C'est une jeune fille qui vient de la campagne. Elle a perdu ses parents et a été élevée par sa grand-mère qui possède une exploitation agricole.

Zaya m'interrompit:

— Elle est friquée?

— Si tu veux savoir si elle a de l'argent, je te répondrais que sa grand-mère possède des biens, mais que Caroline a grandi dans une atmosphère simple et campagnarde. Ce ne sera pas évident pour elle de se retrouver seule à Paris.

— Elle dessine aussi?

— Non elle sculpte superbement, c'est pour cela que sa grand-mère l'a inscrite ici.

Je souris tendrement avant d'ajouter:

— Elle risque d'être aussi mal à l'aise que toi dans cette école, même si les raisons sont différentes. Je pense que le choix de David est judicieux et que vous deviendrez des amies.

— Ben j'espère aussi. En tout cas je suis contente de ne pas être avec une petite bourge sophistiquée qui comprendrait rien.

— Caroline n'est pas sophistiquée, mais pour ce qui est du langage, elle risque de ne pas toujours te comprendre. La banlieue et la campagne n'ont pas le même vocabulaire. C'est pour cela et pour tes professeurs que je t'engage à poursuivre la construction de phrases correctes.

— Pour toi, pour David et pour tout ce que vous avez fait pour moi, je te promets de faire un maximum d'efforts et d'être au top.

— Parfait, je suis satisfaite de ton comportement, à présent je vais te laisser. Un taxi a été réservé et te conduira chez ta maman pour le Nouvel An. Une petite somme te sera attribuée chaque mois pour te servir d'argent de poche, à toi d'en faire bon usage.

Je vis un voile de tristesse descendre sur le visage de Zaya.

— Ne sois pas triste, mon destin m'appelle ailleurs et je ne peux m'y dérober. Tout se passera bien, ta maman va venir te voir dimanche et Caroline arrivera le premier janvier en fin d'après-midi. Tu l'aideras à s'installer puisque tu auras déjà pris tes repères. Je resterai avec toi en pensées et ce serait un excellent exercice d'essayer de me contacter par télépathie.

Zaya écarquilla les yeux et s'exclama :

— Ouais génial, tu vas m'avoir sans arrêt sur le dos !

— Sans vouloir te décourager, c'est une pratique qui demande de l'entraînement, de la patience et du temps, mais je suis certaine que tu y arriveras. Choisis un endroit calme et une heure précise, commence par un quart d'heure de concentration, note tous tes résultats et persévère.

Je pris Zaya dans mes bras une dernière fois, l'embrassai sur les deux joues, puis me dirigeant rapidement vers la porte, lui lançai un « au revoir » que je m'efforçai de rendre joyeux.

Je regagnai l'appartement de David, où je repris ma forme naturelle. Je n'avais plus aucun problème pour passer d'un corps à l'autre. Je programmai le nombre d'heures au moment de ma transformation, en me laissant toujours une marge suffisante, au cas où un imprévu surgirait et je naviguai aisément d'une forme à l'autre. Bien que parfaitement à l'aise dans une enveloppe humaine, j'aimais me retrouver dans mon corps de fée qui, il faut bien le reconnaître, me procurait de nombreux avantages, dont l'invisibilité et la rapidité de mouvement n'étaient pas les moindres. Installée à présent sur mon coussin de prédilection, je commençai à réfléchir à mon avenir. J'avais voulu venir à Paris et je rechignai un peu à quitter cette ville qui avait été l'objet de tous mes rêves. Bien qu'une partie de moi me poussât à rejoindre David à New York, je me demandai ce que j'allais y faire et si mon choix était influencé par la réalisation de mon destin ou par le besoin d'avoir un humain à mes côtés pour combler ma solitude.

Je décidai de me reposer et de remettre à demain la méditation qui me mettrait en communication avec la Fée Lumière pour trouver les réponses à mes questions.

J'étirai nonchalamment mes ailes, me préparant à un repos des plus agréables, lorsqu'une voix résonna en moi : « Penses-tu être sur terre pour paresser ? Oublies-tu que le temps y est différent ? Comptes-tu négliger ta mission pour ton petit bien-être ? »

Reconnaissant cette voix, je sursautai et me branchai immédiatement sur elle.

En un éclair, je fus devant la Fée Lumière qui me regardait d'un air réprobateur. Je baissai les yeux et murmurai :

— Excusez-moi Mère.

— T'excuser ! N'as-tu pas l'impression que je t'excuse souvent ?

D'abord tu cherches à franchir les Arcanes du Temps pour savoir si les prédictions d'une fillette vont se réaliser et maintenant tu prends tes aises pour réfléchir dans quelle ville tu préfères séjourner. Remettre à demain n'est jamais la bonne solution, aurais-tu oublié que seul le présent compte.

— J'ai pensé qu'en étant plus en forme, je capterais mieux…

La Fée Lumière me foudroya de son regard magnétique et ma phrase se termina dans un trémolo. Je claquai des ailes et baissai les paupières, incapable de supporter plus longtemps l'onde qui coulait de ses yeux.

— C'est la dernière fois que je te rappelle à l'ordre, Friza. Si tu penses encore à ta petite personne avant ton travail, je serai contrainte de t'abandonner sur terre.

Je poussai un cri et suppliai la Mère :

— Je vous en prie, ne m'abandonnez pas ! Je sais que vous m'avez accordé votre confiance en me permettant d'agir à ma guise, mais j'ai toujours besoin de votre protection. J'ai parfaitement conscience que ma mission va devenir de plus en plus difficile et c'est pour cela que j'ai voulu être au top en me reposant un peu.

— Être au top ! Te voilà immergée dans le langage humain, mais il serait bon que tu ne prennes pas leurs défauts qui, pour la plupart, sont déjà les tiens. Je vais être claire, Friza, je ne suis pas contre un repos après une bataille, mais l'oisiveté ne doit plus être de mise. Tu es sur terre pour remplir une mission, pas pour te faire plaisir, ni devenir une soi-disant humaine.

Je déglutis péniblement avant de dire :

— Je vous promets de ne plus faire d'erreurs, d'être concentrée sur mon travail et de le réaliser au-delà de vos espérances.

La Fée Lumière eut un petit rictus, mais néanmoins ses yeux s'adoucirent.

— Je l'espère. Maintenant, puisque tu désirais me contacter demain pour avoir des éclaircissements sur la suite de ton travail, je vais te les communiquer.

Mes traits se détendirent, attendant impatiemment ses directives.

— Tu vas méditer et trouver l'endroit où tu dois te rendre.

Mes yeux s'agrandirent d'effroi.

— Vous ne pouvez pas me laisser prendre seule une décision d'une telle importance. Vous devez me guider…

Une fois encore ma phrase fut coupée par la Force qui émanait de son regard.

— Je peux tout Friza ! Y compris te renvoyer immédiatement frotter tes ailes au cercle polaire pour t'apprendre définitivement à maîtriser ton outrecuidance, ton orgueil et ton impatience. Est-ce bien clair ?

J'ouvris la bouche, mais aucun son n'en sortit. Je baissai la tête, ressentant profondément l'étendue de mes défauts, puis respirai profondément avant de dire :

— Oui Mère, très clair. Je croyais avoir évolué, j'étais persuadée que mes récentes aventures avaient corrigé mes imperfections, mais votre présence me fait comprendre qu'il n'en est rien. Vous m'en voyez désolée. Et pourtant je...

La Fée Lumière poussa un profond soupir et ferma les yeux. Quand elle les ouvrit à nouveau, j'y vis une infime lueur de gaieté très vite remplacée par son sérieux habituel.

— Et pourtant je... Friza, Friza ! Je crois que rien, ni personne ne pourra te changer totalement. Je dois te mettre en garde une dernière fois. Tu vas choisir seule le lieu de ta prochaine mission et ce choix sera le bon. Sache néanmoins que cette mission sera extrêmement plus périlleuse que la précédente. Tu vas te trouver confrontée à des puissances négatives inimaginables. Il te faudra toutes tes connaissances et surtout la plus grande maîtrise possible de tes défauts pour y survivre. Ma Force sera avec toi, mais quelles que soient les difficultés que tu rencontreras, je ne pourrai jamais intervenir directement. Plus le temps passera, plus tu seras indépendante, ton choix a déterminé ton avenir, c'est une loi et je ne peux y déroger.

Je frémis en entendant les paroles de la Fée Lumière. J'allais devoir affronter des Forces plus obscures que celles combattues pour sauver Zaya et je savais que je n'étais pas prête. Captant mes sombres pensées, la reine des fées me dit gentiment :

— Continue à maîtriser tes mauvais penchants et tu seras prête. Et surtout n'oublie pas que le doute est une faiblesse qui ouvre la porte aux Forces de l'Ombre.

La mère me fit signe d'avancer et joignant ses ailes, les referma sur moi. Je baignai dans sa haute vibration pendant trois minutes de temps terrestre. La Force qu'elle me transmit, vivifia mon corps, mon cœur, mon esprit et décupla mon énergie. Toutefois la reine réitéra ses conseils une dernière fois.

— Ne te crois pas invincible mais ne doute pas. Bannis à jamais l'orgueil mais sois fière et déterminée.

Je lui souris et acquiesçai en baissant les paupières. Quand j'ouvris les yeux, j'étais de retour à Paris.

Sans perdre une seconde, je m'installai confortablement, non plus pour me relaxer, mais pour réfléchir à mon prochain départ. Une minute me suffit pour avoir la certitude que je devais partir pour New York et que cette destination était prévue depuis mon arrivée sur terre. David serait certes une aide précieuse, mais il faisait partie des nombreux pions que j'étais en train de placer sur le grand échiquier du destin. Je comprenais davantage ma mission et me sentais prête à affronter les pires ennemis. Avec un brin de nostalgie, je fis une dernière fois le tour de l'appartement, puis rassemblant mes instruments magiques, je procédai à la dématérialisation qui me propulserait à New York…

FIN

Tous mes remerciements à Gilles Brillon pour sa précieuse aide artistique.
À Véronique Antenat, professeur de français, pour sa relecture du manuscrit.
À Gilles Riboulet pour sa photo de la place de la Concorde.

Imprimé en France
ISBN 978-2-7563-1087-9
Dépôt légal : 1er trimestre 2009